北京市流动人口多维贫困的社会风险预警防控研究

◎ 郭君平　曲　颂　著

中国农业科学技术出版社

图书在版编目(CIP)数据

北京市流动人口多维贫困的社会风险预警防控研究／郭君平，曲颂著． --北京：中国农业科学技术出版社，2023.7
ISBN 978-7-5116-6340-5

Ⅰ.①北… Ⅱ.①郭…②曲… Ⅲ.①流动人口-贫困-社会管理-风险管理-研究-北京 Ⅳ.①D631.42

中国国家版本馆 CIP 数据核字（2023）第 122481 号

责任编辑　史咏竹
责任校对　李向荣
责任印制　姜义伟　王思文

出 版 者	中国农业科学技术出版社
	北京市中关村南大街 12 号　　邮编：100081
电　　话	（010）82105169（编辑室）　（010）82109702（发行部）
	（010）82109709（读者服务部）
网　　址	https://castp.caas.cn
经 销 者	各地新华书店
印 刷 者	北京建宏印刷有限公司
开　　本	170 mm×240 mm　1/16
印　　张	7.75
字　　数	116 千字
版　　次	2023 年 7 月第 1 版　2023 年 7 月第 1 次印刷
定　　价	39.00 元

◆◆◆ 版权所有·翻印必究 ◆◆◆

作者简介

郭君平：中国农业科学院"院级青年英才"，农业经济与发展研究所研究员、博士生导师，主要研究方向为区域发展与减贫、农村土地制度等。主持国家社会科学基金一般项目、国家社会科学基金青年项目、北京市社会科学基金一般项目、中国博士后基金项目（一等资助）、农业农村部软科学项目、北京市社会科学界联合会青年人才资助项目、国家文物局一般项目、财政部中国亚太经合组织合作基金项目等国家级与省部级课题20余项，参与国家社会科学基金重大项目、国家自然科学基金面上项目、教育部重点项目、世界银行项目、亚洲开发银行项目等20余项，在《中国农村经济》《改革》《中国农村观察》《农业经济问题》《农业技术经济》《中国人口资源与环境》《World Development Perspectives》《China Agricultural Economic Review》等专业核心期刊发表论文50余篇，在经济科学出版社、中国商务出版社、中国农业科学技术出版社等机构出版学术专著7部，获得副国级与省部级领导批示9项，获得农业农村部中青年干部交流征文一等奖、周诚农业经济学奖、中国农村经济年度优秀论文、农业经济问题年度十佳论文等各类荣誉奖项8项，注册专利、注册软件著作权6项。此外，在《光明日报》《经济日报》《中国经济时报》《农民日报》《中国社会科学报》《湖北日报》等媒体发表30余篇时评。

曲　颂：中国农业科学院农业经济与发展研究所副研究员，管理学博士，入选中国农业科学院"所级青年英才"培育工程，长期从事农村土地制度、区域发展与减贫等方面的研究。主持国家社会科学基金青年项目、中央农办/农业农村部软科学项目、国家民族事务委员会民族研究项目、北京市社会科学界联合会项目等课题10余项，参与国家社会科学基金重大项目、引进国际先进农业科学技术计划项目、中国工程院高端智库项目等课题20余项；在《China Agricultural Economic Review》《World Development Perspectives》《中国农村经济》《农业经济问题》《农民日报》等期刊与报纸发表论文30余篇；出版学术专著6部；注册软件著作权3项。主笔撰写的决策咨询报告6次获省部级领导批示；获中国社会科学院优秀对策信息奖三等奖。

序

随着京津冀城市圈的协同发展,大量劳动力尤其是农村劳动力集中流向首都北京,形成了流动低收入群体。他们具有很强的敏感性和不确定性,即情绪的敏感性和社会稳定的不确定性,因此,流动人口低收入群体已引起首都各界的关注和重视。基于社会排斥视角研究解决流动人口多维贫困及其可能引发的社会风险问题,对于维护北京市社会秩序、政治稳定以及开展现代化建设具有全局性的重大意义。

首先,本书在梳理历史文献资料和回顾北京市流动人口管理政策法规的基础上,基于社会排斥视角构建了流动人口多维贫困测度指标体系,据此分析北京市流动人口多维贫困的基本状况。其次,结合社会风险的基本原理,探索了流动人口多维贫困的社会风险形成过程与传导机制,构建了包含预警指标体系、预警界限、预报警度、报警系统、排警系统等内容的预警系统,建立了包括预警监测分级管理、预警信息应用平台和应对预案体系等内容的预警机制。最后,从经济融入、政治融入、文化教育融入、社会保障均等化、城市社会关系融入、消除空间排斥等层面构建了北京市流动人口多维贫困的社会风险防控政策体系。

值此拙作付梓之际，谨向硕士研究生赫小兰、吴硕付出的辛苦劳动（更新、补充数据资料等）表示感谢，同时，一并感谢国家社会科学基金一般项目"产业利益联结阻断'两类户'返贫致贫风险的机制优化研究"（21BJY224）的资助。

郭君平　曲颂
2023 年 2 月 10 日
北京·海淀

目　　录

第一章　引　言 ··· 1
一、人口问题概论 ·· 1
二、北京市流动人口的特点 ·· 2

第二章　文献综述 ·· 7
一、流动人口贫困的相关研究 ··· 7
二、进城务工人员贫困的相关研究 ··· 8
三、城市贫困的相关研究 ·· 10
四、文献评述 ·· 12

第三章　北京市流动人口管理政策法规回顾 ······························ 13
一、宏观牵制，户口登记管理阶段（1958—1977年） ················· 14
二、相对开放，暂住证管理阶段（1978—1988年） ···················· 14
三、整体管制，"证卡"就业管理阶段（1989—2002年） ·············· 15
四、调整转型，探索服务管理阶段（2003—2009年） ················ 17
五、科学规划，社会融合发展阶段（2010年至今） ··················· 19
六、政策述评 ·· 21

第四章　北京市流动人口多维贫困的测度与现状 ························ 22
一、社会排斥视角下流动人口多维贫困测度指标体系 ·················· 22
二、社会排斥视角下北京市流动人口的多维贫困状况 ·················· 25

第五章　北京市流动人口多维贫困的社会风险形成、传导及预警机制 ···· 42
一、北京市流动人口多维贫困的社会风险形成与传导 ·················· 42

二、北京市流动人口多维贫困的社会风险预警系统 …………… 44

三、北京市流动人口多维贫困的社会风险预警机制 …………… 47

第六章　北京市流动人口多维贫困的社会风险防控政策体系 …… 49

一、经济融入层面 ………………………………………………… 49

二、政治融入层面 ………………………………………………… 53

三、文化教育融入层面 …………………………………………… 59

四、社会保障均等化层面 ………………………………………… 68

五、城市社会关系融入层面 ……………………………………… 75

六、消除空间排斥层面 …………………………………………… 79

参考文献 ……………………………………………………………… 84

附录1　北京市人民政府关于进一步做好为农民工服务工作的实施意见 …………………………………………………………… 91

附录2　北京市人民政府关于健全完善保障农民工工资支付制度机制建设的意见 ………………………………………………… 99

附录3　北京市人力资源和社会保障局等部门关于印发《北京市工程建设领域农民工工资保证金实施办法》的通知 ………… 107

第一章 引 言

一、人口问题概论

人口是经济活动的基础,其流动不仅为城市建设提供了劳动力资源,也影响着城市社会的稳定。随着京津冀城市圈的协同发展,大量劳动力尤其是农村劳动力集中流向首都北京,形成了流动低收入群体,他们具有很强的敏感性和不确定性,即情绪的敏感性和社会稳定的不确定性。一旦流动人口低收入群体达到一定规模,则可能引发一些社会问题,因此,流动人口低收入群体已引起首都各界的关注和重视。基于社会排斥视角研究解决流动人口多维贫困及其可能引发的社会风险问题,对于维护北京市社会秩序、政治稳定以及开展现代化建设具有全局性的重大意义。

近年来,人口问题已成为事关北京市发展大局的重大战略性问题,是影响北京市经济社会发展的关键因素。1949 年,北京地区常住人口总量只有 420.1 万人。进入 21 世纪,北京市常住人口规模进入高速增长期,2000 年人口为 1 363.6 万人,2014 年已达到 2151.6 万人。2000—2014 年人口净增 788 万人,年均增长 56.3 万人,相当于每年增加一个中等城市的人口数量。到 2020 年人口增至 2 189.3 万人,比 2014 年净增 37.7 万人,年均约增 6.3 万人。北京市以 0.17% 的国土面积容纳了全国 1.58% 的人口。随着人口规模的增长，北京市人口增长与资源、环境承载能力之间的矛盾更加尖锐，在协调人口发展与经济转型、资源平衡、环境保护、公共服务、城市安全等之间的关系方面面临一系列重大考验。北京市20世纪70年代初总和生育率（TFR）已降至更替水平2.1以下，比全国提前20年完成高生育水平向低生育水平的转变。2010年北京市的总和生育率为0.73，到2020年，北京市的总和生育率为0.87，为极低的生育水平。北京市人口规模的增加主要是人口迁移的结果，尤其是流动人口的增长占到了北京市人口增长总量的60%以上。

二、北京市流动人口的特点

掌握流动人口现状与趋势是探索、消除北京市流动人口多维贫困及其所致社会风险的前提和基础，从时间序列、空间分布、年龄、素质结构等方面分析考察的结果来看，具有以下主要特点。

第一，流动人口总量逐步缩减，增速趋于放缓。考虑到数据可得性，分析采用《北京统计年鉴》中常住外来人口作为流动人口的统计数据。如图1-1所示，2015年之前，北京市流动人口总量快速增加，平均每年增加40.2万人，2015年年底，流动人口规模达到822.6万人，占常住人口的38.1%；2016年，流动人口总量开始下降，减少到807.5万人；2017年，流动人口数量持续下降至794.3万人；2018年，流动人口数量增幅明显，比2017年增加了53.9万人，数量为848.2万人；2019年，流动人口数量减少到843.5万人，北京市流动人口数量占常住人口数量的38.5%；2020年，北京流动人口持续下降至839.6万人，北京市总人口为2 189.3万人，北京市流动人口在总常住人口中的占比为38.4%。流动人口占比下降与北京市政府出台的低端市场清除、平房棚户区拆建、疏解非首都功能等一系列人口疏解政策有关。

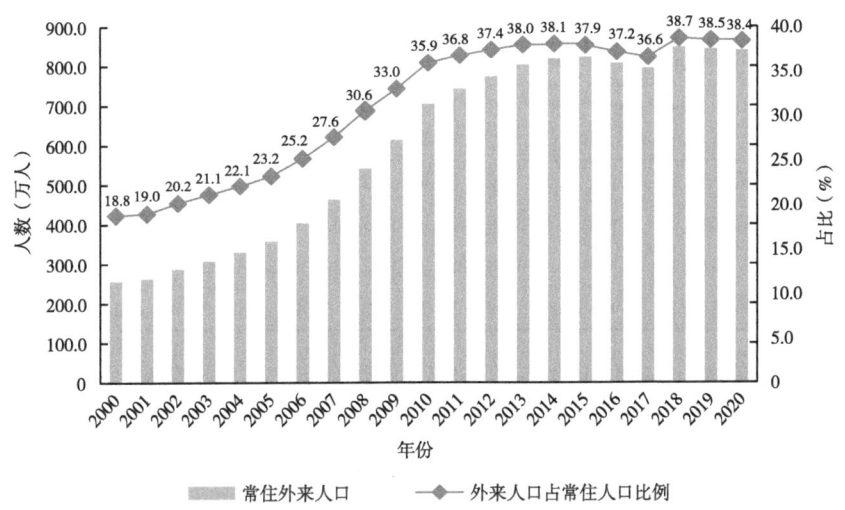

图 1-1 北京市常住外来人口数量和占比趋势

第二，流动人口分布呈区域集聚性，由城市中心向外围扩展趋势。首先，从流动人口的空间分布来看，北京市流动人口以城市功能拓展区和城市发展新区为主要集聚区域，但比例有减少趋势。如表 1-1 所示，2005—2020 年，集聚在城市功能拓展区的外来人口最多，占全市外来人口总数的半数以上，但其所占比例呈逐年减少趋势，由 2005 年的 58.6% 下降到 37.7%。其次，城市发展新区外来人口增长势头迅猛，并且比例逐年增高，从 2005 年的 26.4% 提高到 2020 年的 51.5%，这说明北京市外来人口在地区分布上呈现出由城市功能拓展区逐渐向城市发展新区扩散的趋势。最后，首都功能核心区外来人口的比例在 2005—2020 年由 10.2% 下降为 4.7%，而生态涵养发展区由于地处远郊，生产和生活社区建设都受到一定限制，外来人口数量也相对较少。2017 年，门头沟区、平谷区、密云区和延庆区这 4 个区常住外来人口均不足 10 万人，占全市外来人口总量的 4.2%。到 2020 年这 4 个区常住外来人口年均已经超过 10 万人，占全市外来人口总量的 6.5%。

表 1-1　2005—2020 年北京市外来人口分布情况

区域划分	2005 年		2008 年		2011 年		2014 年		2017 年		2020 年	
	数量（万人）	比例（%）	数量（万人）	比例（%）	数量（万人）	比例（%）	数量（万人）	比例（%）	数量（万人）	比例（%）	数量（万人）	比例（%）
首都功能核心区	36.4	10.2	38.1	8.2	53.4	7.2	54.0	6.6	45.7	5.8	39.8	4.7
城市功能拓展区	209.2	58.6	260.1	55.9	400.0	53.9	436.4	53.3	389.6	49.0	316.8	37.7
城市发展新区	94.4	26.4	144.3	31.0	257.7	34.7	296.9	36.3	325.7	41.0	428.8	51.1
生态涵养发展区	17.3	4.8	22.6	4.9	31.1	4.2	31.4	3.8	33.3	4.2	54.2	6.5

注：①数据源自北京市统计局发布的历年《北京统计年鉴》。②首都功能核心区：东城区、西城区；城市功能拓展区：朝阳区、丰台区、石景山区、海淀区；城市发展新区：房山区、通州区、顺义区、昌平区、大兴区；生态涵养发展区：门头沟区、怀柔区、平谷区、密云区、延庆区。

第三，新生代流动人口规模不断增加，成为流动人口主力军。流动人口群体历经 40 年的持续转移，不仅在规模上不断增加，其内部结构也在发生分化。2010 年北京市第六次人口普查显示，新生代流动人口规模达 383 万人，占北京市流动人口总数的 54.3%，意味着 1980 年以后出生的流动人口超过一半，流动人口的代际更替已然发生，新生代流动人口已成为北京流动人口的主体。国家统计局 2020 年监测数据显示，全市范围内的新生代进城务工人员占比已经达到 50.1%，成为进城务工人员的主体。新生代流动人口在很多方面与老一代流动人口存在明显不同，如受教育程度较高、务农经历较少、更加注重改变生活方式以及寻求更好的发展机会，尤其是外出打工的动机存在很大差异。有研究表明，老一代流动人口出来打工的最主要目的是改善生活，最终还是要回到自己的家乡，而新生代流动人口已经从单纯的改善生活转变为体验生活、锻炼自己，心中怀有更高的期望[1]。对于他们而言，迁移流动的过程同时也是追逐梦想的过程，他们更青睐大城市，而且多数渴望"扎根"城市，在城市定居使得他们对城市认同感和归属感增强，同时，对乡土的归属感正在减弱。

第四,流动人口居留稳定性增强,居住时间长期化趋势明显。一方面,流动人口结构保持"核心化"趋势,"扩展化"特征初显。北京市流动人口的流动模式已经进入以核心家庭为单位迁移的阶段,新生代流动人口家庭的"核心化"趋势尤其明显。2015年国家卫生计生委①流动人口动态监测数据显示,在京流动人口家庭类型以核心家庭为主,所占比例达80%以上;单亲家庭次之,所占比例约12%;扩大家庭所占比例较低,仅占4%左右。在京流动人口呈现以已婚和以核心家庭为主的特征,夫妻及其子女同时迁移在京的"家庭化"特征明显。流动人口家庭化特征可以减少留守儿童而产生的不良社会问题,但也增加了流入地基本公共服务的供给压力。2020年北京市第七次全国人口普查数据公布,北京市常住人口2 189.3万人。全市常住人口中,共登记913.8万户,其中,家庭户823.1万户,占90.1%;集体户90.7万户,占9.9%。家庭户人口1 901.4万人,占常住人口的86.9%;集体户人口287.9万人,占常住人口的13.1%。另一方面,流动人口居住地点比较稳定,居住时间趋于长期化。在当前人口流动呈现明显家庭化趋势的背景下,流动人口的定居意愿也发生了变化。他们在流入地居留时间普遍较长,明显呈现出"流动人口不流动"之势。有调查显示,从在京居住时间来看,81.4%的外来人口在其居住的乡、镇、街道居住时间超过1年,其中近40%居住时间为3年以上。居住5年以上的比例也高达47.3%[2]。这表明有近一半的流动人口在北京有较强的立足基础。这部分人职业较为稳定,所带来的经济收入及社会地位也得到认同,在北京产生了一定程度的归属感,长期居住的意愿比较强烈。

第五,流动人口生存状况得到改善,但总体社会融合度不高。一方面,

---

① 中华人民共和国国家卫生和计划生育委员会,简称国家卫生计生委。2018年国务院机构改革,设立中华人民共和国国家卫生健康委员会(简称国家卫健委),不再保留国家卫生计生委。

流动人口家庭在京的收入水平得到明显改善。2015年国家卫生计生委流动人口动态监测数据显示，在京每月总收入低于5 000元的流动人口家庭所占比例逐年减少，由2011年的67.7%下降至2015年的34.5%，每月总收入高于10 000元的中等及以上收入家庭比例不断增加，2015年所占比例为23.9%，较2011年升高了15.8个百分点。2018年国家卫生计生委流动人口动态监测数据显示，在京每月总收入低于5 000元的流动人口家庭所占比例减少至26.2%，每月总收入高于10 000元的中等及以上收入家庭比例也有所增加，所占比例为43.7%。另一方面，从流动人口在京享有的住房保障、社会保险、政治参与、子女教育等权益来看，绝大部分流动人口无法真正融入城市社会。社会融合问题是关系到国家稳定与发展的重要问题，改革开放以来，北京市流动人口政策不断进行调整，经历了从社会排斥到社会融合的转变，逐步清理和废止了歧视性的政策法规，不断改善流动人口的公共服务待遇。但是，鉴于当前城乡二元户籍制度障碍、社会融合政策体系不完善等原因，流动人口在经济、政治、公共权益、社会关系等方面的融合程度总体仍较低，亟须进一步完善。

第二章　文献综述

从既往相关文献来考察，研究对象主要包括流动人口、进城务工群体和城镇居民。其中，流动人口与进城务工群体属于包含与被包含的关系，即前者的外延大于后者。其中，流动人口是指从外地流入城市（包括"农村→城市"和"城市→城市"），从事简单体力劳动，不具备所居住城市户口的低收入群体[3]。

一、流动人口贫困的相关研究

近年学界对流动人口问题的关注程度日益加强，但对其贫困问题展开深入讨论的研究文献并不多见，且相关内容主要聚焦在以下3个方面。

（1）收入贫困发生率测量。21世纪初国际上渐次出现一些机构和学者分析流动人口的贫困状况，但由于设定的贫困线各异，致使所测的贫困发生率并不相同。例如，亚洲开发银行[4]研究发现，在设定的贫困线下流动人口贫困发生率为15.2%；Du等[5]的评估结果显示，低位和高位贫困线下流动人口的贫困发生率分别为10%和16%。

（2）多维视角下的贫困问题。定性分析方面，流动人口的多维贫困表现在物质、精神、文化和制度等诸多方面[6-7]，是经济收入低、个人能力差、社会支持网络弱化和权益缺失的综合体，其主要特征为非居民化、地域聚居的居住模式，流动儿童教育受到排斥，就业培训机制不完善、培训错位,存在健康风险,就业权益受损,以及社会保障严重缺乏等[8]。定量分析方面,迄今仅张晓颖等[9]以 A-F 方法,测算了北京市 451 名家政服务业流动妇女的多维贫困指数(MPI-Ⅰ)和包括主观福利的多维贫困指数(MPI-Ⅱ)。测量维度包括收入、教育、健康、生活水平和社会融入。结果表明,用 MPI-Ⅰ测量客观的"贫",生活水平维度最为贫困;用 MPI-Ⅱ测量客观的"贫"和主客观的"困",社会融入维度最为贫困。

(3) 扶贫工作的难点。一是识别难,包括收入测量难度大,以及贫困衡量指标、扶贫对象难以确定;二是帮扶难,至少须厘清帮扶主体、预期目标、适宜手段等基本问题;三是管理难,主要原因在于扶贫政策城乡分立、区域分割和扶贫工作部门各自为政[9-10]。

二、进城务工人员贫困的相关研究

早在 20 世纪 80 年代初,我国学界即对进城务工人员问题展开了研究,但直至 90 年代末,才有学者开始关注进城务工人员贫困现象。目前,相关文献不胜枚举。

(1) 进城务工人员贫困的不同表现。多数学者将研究目光聚焦到物质贫困、能力贫困、权利贫困和精神贫困。其中,物质贫困的衡量包含最基本的收入、消费及其他多项生活指标[11-13];能力贫困多表现为工作就业、信息搜寻、资源获取、合作参与、城市适应、人际交往、自我发展等方面能力差或提升空间有限,以及对公共事务的参与度低、影响力小[14-16];权利贫困集中体现在政治、经济、社会和文化 4 个方面[17-18];精神贫困的外在表现形式包括观念意识的滞后性、角色意识的矛盾性、思维方式的封闭性、价值目标的单调性、交往态度的功利性、理想信仰的自利性,以及强迫症、焦虑、恐怖等症状[19-20]。此外,进城务工人员的福利贫困亦受到部分学者关注[21-22]。

(2) 进城务工人员贫困的测量。①贫困发生率测算。迄今为止,由于国内对进城务工人员贫困线的探讨尚未有定论,因此测算过进城务工人员收入或消费贫困发生率的专家、学者屈指可数。金莲[23]在2007年首次以贵州城镇进城务工人员中以"背篼"为劳动工具的劳动者为例,用适量的饮食费用除以恩格尔系数测算出当时这类进城务工人员的贫困线[248.4元/(人·月)]和贫困发生率(13.55%)。其后,王美艳[24]于2014年分别以1.5倍和2倍低保标准作为进城务工人员贫困线,按常住人口口径测算得出当时进城务工人员的收入贫困发生率均略低于城市居民。鉴于进城务工人员属于流动人口范畴,若放宽研究对象的范围,21世纪初国际上渐次出现一些机构和学者分析了流动人口的贫困状况,但由于设定的贫困线各异,致使所测的贫困发生率并不相同。例如,ADB[25]研究发现,在设定的贫困线下流动人口贫困发生率为15.2%;Du等[5]的估计结果显示,低位贫困线下流动人口的贫困发生率为10%,高位贫困线下流动人口的贫困发生率为16%。②多维贫困的识别与测度。目前学界有关此类问题的经验研究很少,其中较具代表性的文献仅有数篇,而且均采用A-F方法以进城务工人员个体或家庭为单位测度多维贫困,但择定的具体维度、指标因数据来源、样本特征以及研究目的不同[26-28]。

(3) 进城务工人员贫困的原因和治理策略。找准致贫原因是开展扶贫行动的前提,相关研究多从以下方面剖析、阐释。①自身禀赋或条件论:人力资本不足是进城务工人员致贫的重要因素[24,29]。②制度论:正式制度的缺陷或障碍、非正式制度中软性规则的惯性或束缚,以及制度运行机制不健全是进城务工人员致贫的因素之一。其中,正式制度具体指城乡分治、户籍管理制度及其延伸出的劳动就业制度、社会保障制度、城市产权与收益分配制度等[30-32]。③社会论:社会排斥导致进城务工人员的社会身份与地位边缘化[29,33]。④代际论:贫困代际传递(受工作流动性和就业能力影响)是新生代进城务工人员致贫的关键原因[34-35]。⑤循环论：从贫困恶性循环的不同逻辑起点解释进城务工人员贫困的生产与再生产机制[15,36]。⑥多维论：从多维贫困视角分析不同维度贫困的致因，如生活成本日渐攀高、组织化程度低、劳动力市场分割以及城市的"孤岛效应"等[27,37]。针对进城务工人员贫困致因，不同学者基于各自学科背景和关注点，给出了多样化的减贫路径或政策，如提升个体能力、赋予平等权利、完善社会保障、消除社会排斥、实行弹性城市化，以及充分发挥民间组织、社会力量的作用等[30,38]。

三、城市贫困的相关研究

作为与社会发展伴生的现象，中国城市贫困问题出现的时间相对较短。城市贫困研究肇始于20世纪90年代初期[39-40]，多涉及人口学、社会学、地理学及城市规划等领域[41-43]，可大致分为过程研究、行动研究、互动研究和综合性研究4种。其中，过程研究开展较早、持续较长且相对集中，多聚焦城市贫困的类型学和发生学分析，探讨城市贫困的概念、测度、特征以及城市贫困致因等方面；行动研究相对薄弱，主要从一种或多种互动关系如区域差异、利益主体分化和社会空间分异等角度来考察城市贫困问题；互动研究则集中探讨反贫困的过程、行动主体及相关措施，但同样较为薄弱[44]。学术界对城市贫困的认识一般涵盖个人贫困、普遍贫困及结构性贫困，其中，结构性贫困又包括阶级—阶层性贫困和区域性贫困两种[45]。

城市贫困是指某些城市居民因缺乏一定物质、社会、文化、精神等方面的资源，以及就业权、受教育权、住房权、医疗权等应得的平等权利，因而不能满足他们维持生理需求以及社会、政治、经济、文化生活可以接受的标准的一种生存状态[45-47]，其中，知识、信息和文化的贫困是城市贫困阶层发展的主要障碍[48]。也有学者基于食物供需、其他生理需求和社会情感视角认为城市贫困是物质匮乏与精神贫困的综合[49]。数十年来，国内外机构、学者尝试采用不同标准测算中国城市贫困的规模和程度,其中,主要标准包括低保线[50]、国定贫困线、国际贫困线[51]、相对贫困线[52-53]、主观贫困线[54]、基于马丁法确定的贫困线[55]以及基于扩展线性支出法(ELES)确定的贫困线等[56-57]。

长期以来,中国城市贫困集中体现在贫困群体(如失业人口、进城务工人员等)和贫困空间单元(如贫困居民社区等),并呈现以下主要特征:贫困人口结构多元化,新贫困人口已成为城市贫困的主体;绝对贫困、基本贫困与相对贫困并存,但以相对贫困程度为主;持久性贫困、暂时性贫困和选择性贫困并存,多属于选择性贫困;区域性、结构性和阶层性贫困并存,阶层性贫困有严重化态势;物质贫困与精神贫困并存,且相互影响和制约;贫困人口空间分布区域性、离散性及边缘性并存;原生性贫困、被动性贫困及后发性贫困并存,后发性贫困隐含更多不安定因素[58-60]。诚然,城市贫困是由多种因素综合作用而成,现有研究主要从以下视角解析:一是宏观社会经济因素,如经济体制改革、产业结构变动、户籍制度变迁、收入分配差距扩大以及通胀或通缩冲击等[61-63];二是中观城市建设管理因素,如城市管理体制改革滞后,城市规划、建设中对社会公众利益关注不够等[64];三是微观个人和家庭因素,如健康状况(病残)、文化素质、年龄结构、家庭人口规模、赡养负担、就业观念落后等[64-66]。

此外,严重的城市贫困问题或对社会稳定和正常的秩序造成影响,如社会治安案件上升、影响个人生活信心、造成家庭不幸、引发反社会的极端行为等[67]。为减缓、消除城市贫困,学术界提出了诸多政策建议,譬如,增强社会资本、规范劳动力市场、完善社会保障体系、加强城市社区建设、发展非公有制经济、推进再就业工程、培育新经济增长点、开展"小额信贷"、深化国有企业改革、消除社会分配不公、建立贫困监测体系、制定"反贫困法"、实行适度城市化等[68-70]。

四、文献评述

国内外学界对流动人口贫困的相关问题做了积极探讨和深入研究。综合而言，以往文献呈现"三变"特点：研究视角从关注收入或消费状况向重视权利、能力剥夺渐变，研究方法从定性描述向定量分析及二者结合渐变，致贫原因从内因考察向外因考察渐变。这些文献为后续研究提供了较强的借鉴和指导意义。然而，学界对流动人口贫困、进城务工人员贫困、城市贫困等展开的相关研究均起步较晚，迄今这些领域仍存在以下不足。

第一，多数学者聚焦全国各行业的流动人口或进城务工人员（研究范围主要立足于普遍性），而很少对北京地区流动人口或进城务工人员的贫困程度进行科学测量，更遑论从社会排斥视角分析。

第二，与推进流动人口或进城务工人员市民化实践相比，中国流动人口或进城务工人员贫困理论研究明显滞后，尤其是对流动人口或进城务工人员贫困测量标准的制定尚处于萌芽阶段（资料、成果鲜见），且有关发展经济学、贫困经济学和社会学等诸多理论均未涉及此项问题。

第三，量化剖析流动人口或进城务工人员多维贫困的专论极少，而且维度和指标的选取虽有一定理论依据，但主观随意性较大且碎片化，其合理性存疑。

第四，研究方法或流于表层的一般性讨论（缺乏数据支持），或属于静态研究，样本的代表性及所得结论有待商榷。

第五，在实际操作中由于数据来源（样本大小）、统计口径（是否纳入流动人口）、贫困标准以及测度年份等方面的不同，致使所得结果争议较大，存在高估或低估城市贫困的现象。

第三章 北京市流动人口管理政策法规回顾

中华人民共和国成立初期，经济上的百废待兴与政策上的计划调控，导致北京市流动人口数量极少。随着改革开放和经济建设热潮，20世纪50年代，进京流动人口数量急剧增多。其中绝大部分是由农村流入城市靠打短工为生并经常处于失业、半失业状态的流动人口，由于受教育程度不高、缺乏专业技术以及北京生活成本高，他们的生活往往陷入贫困状态，然而这部分人既被排除在农村精准扶贫对象之外，也尚未被纳入城市扶贫的范畴，无法享受城镇居民同等的福利待遇，这使得北京市流动人口的贫困及管理问题非常复杂。面对这种态势，长期以来北京市实行人口规模调控尤其是针对流动人口进行严格控制的管理政策，但在不同时期提出的管控目标不同，形成了北京市流动人口管理政策的演进历程。从时空维度梳理北京市流动人口管理政策的演变脉络，有助于把握北京市流动人口的历史与现状，找出流动人口贫困问题产生的政策根源，从而探索完善北京市流动人口调控政策与制度创新的研究路径与方向。

梳理北京市有关流动人口政策和法规文件，提到"流动人口""外来人口""外地来京人员"等词语，均界定为在京居留时间半年以上、户口登记地点在北京市以外的人口。中华人民共和国成立70余年来，对应不同历史发展时期，将北京市流动人口政策演变细化为5个阶段，每个阶段根据管理目标的不同，各具政策特征。

一、宏观牵制，户口登记管理阶段（1958—1977年）

国家宏观政策导向直接牵动着北京的政策变迁。1958年《中华人民共和国户口登记条例》颁布实施，其中第十六条规定："公民因私事离开常住地外出、暂住的时间超过三个月，应当向户口登记机关申请延长时间或者办理迁移手续，既无理由延长时间又无迁移条件的，应当返回常住地。"生存所需的粮油和日用商品票证必须凭北京市城镇户口才能获得，流动人口因在京无法享有粮油和日用商品票证，以及相应的就业保障和社会福利，很难在京居住3个月以上。因此，这一阶段北京市的流动人口较少，主要以投靠亲属为主。

二、相对开放，暂住证管理阶段（1978—1988年）

改革开放使得北京农村商品生产和商品交换迅速发展，越来越多的城郊农民转向北京市区务工、经商。据统计，1983年北京市暂住及流动人口平均每日约50万~60万人，比1977年增加近两倍，比1965年增加近4倍。1984年10月，国务院发布了《关于农民进入集镇落户问题的通知》，规定在城镇有固定住所、有经营能力或在乡镇企事业单位长期务工、经商、从事服务业的农民和家属可以在城镇落户。1985年，政府正式取消在城市暂住不得超过3个月的时间限制，对流动人口实行暂住证管理，同时实行居民身份证制度。同年11月，北京市政府发布了《关于暂住人口户口管理的规定》，以非京户籍的进京农民为主要管理对象，实行暂住证制度，具体规定为："凡从北京行政区域以外来北京的暂住人员，均应向暂住地派出所申报暂住登记，其中16周岁以上（含16周岁）暂住期拟超过3个月，必须申领《暂住证》。"这意味着流动人口开始拥有在京居住的合法性。同时，这一时期北京经济快速发展引发了对建筑业和服务业劳动力需求的扩张，为鼓励个体户来京从事商业、饮食业、修理业等第三产业，吸引经商从业人员来京独资或联合经营企事业，参与首都建设，北京市政府于1986年9月相继颁布《北京市国营企业使用农民合同制工人管理办法试行》和《北京市家庭服务员管理暂行规定》，前者将农民合同制工人的招收纳入北京市劳动计划，后者允许北京市或外地女性申请在京从事家庭服务工作。随后，1987年8月，北京市政府对外地人员房屋租赁作出了相应规定，出台了《关于加强暂住人员租赁私有房屋管理的规定》，明确了房屋出租给外地来京人员，出租人必须具备"房屋租赁许可证""房屋租赁安全合格证"，以及"租赁合同""准租证明""治安防范任务书"等证书和文件，承租人必须出示户籍地证明。

这一时期北京市的流动人口政策是较为开放的，开启了流动人口进京的闸门，为劳动力在城乡间的自由配置创造了良好政策环境[71]。据有关部门统计，1978年北京市流动人口有21万人，1985年流动人口总数达到64万人，到1988年流动人口规模骤然扩张到131万人。但由于还没有建立专门的管理机构和相对配套的管理制度，流动人口管理处于"粗放"状态。政府对于突如其来的"进城务工人员浪潮"没有做好足够的基础准备，由此造成的城市基础设施和公共资源的供给短缺骤然成为当时北京市的重大社会问题[72]。

三、整体管制，"证卡"就业管理阶段（1989—2002年）

随着大规模的流动人口涌入北京，资源短缺、管理失控等"城市病"问题开始凸显。1989年3月，为举办亚运会，北京市首度对外来进京人口实施清退，并计划每年清退20万~25万人，自此开始了流动人口管制时期。随后，北京市政府出台《北京市外地来京人员务工管理规定》，要求流动人口来京就业办理多种"证卡"并限定其行业和工种，同时对雇佣流动人口的企业实行用工审批，用工单位必须凭流动人口的"暂住证"和雇佣非户籍人口计划批准证明向本市、区、县劳动局申领"外地来京人员做工证"，并禁止使用无"外地来京人员做工证"的外地务工人员，以此来控制外来人口规模。然而，以"外地来京人员做工证"控制流动人口的措施并没有起到抑制作用，外地来京人口规模依然越来越大。1992年来京流动人口有150万人，1994年突破200万人，达到208.6万人[73]。

1995年7月，全国流动人口管理工作会议召开，提出加强流动人口管理的五大工作重点。于是，北京市提出了"控制总量、优化结构、加强管理、积极服务"十六字方针，开始加大对外地来京人员管理力度，相继出台了《北京市外地来京人员经商管理规定》《北京市外地来京人员从事家庭服务工作管理规定》《北京市外地来京人员卫生防疫管理规定》和《北京市外地来京务工经商人员管理条例》等12项严格管控制度政策[74]，成立北京市外来人口管理工作领导小组和由公安机关牵头的综合协调办公室，实行收取管理服务费、限制就业岗位和工种、救助管理制度等管理政策，从劳动用工、经商管理、房屋管理、计划生育、救助管理等各方面全面控制外地来京人口规模。这些政策取得了预期效果。1997年与1994年相比，北京市流动人口总量下降了13.2%，居住外来人口数量下降了15.7%。但是，这种管制不是全局性的，为推动北京郊区和房地产市场的发展，北京市1997年出台《北京市郊区小城镇建设试点城镇户籍管理试行办法》，2001年出台《关于外地来京投资开办私营企业人员办理北京市常住户口试行办法》，2002年出台《北京市人民政府批转市公安局关于推进小城镇户籍管理制度改革意见的通知》等，鼓励非京籍常住人口通过购买试点镇商品房或投资经商等方式获得北京户籍。

在实施流动人口管制政策期间，北京市也启动了针对流动人口的相关服务，主要包括以下服务。①计划生育服务。1991年6月出台了《北京市暂住人口计划生育管理办法》，1995年7月颁布了《北京市外地来京人员计划生育管理规定》，2000年4月施行了《北京市外地来京人员计划生育管理规定》，非京籍已婚育龄妇女可以在京享受包括领取避孕药具、定期进行孕情检查和报销节育手术费等基本的生殖健康服务。②农民工社会保险。1999年5月颁布了《农民合同制职工参加北京市养老、失业保险暂行办法》，2001年9月实施了《北京市农民工养老保险暂行办法》，规定合同制农民工不仅应该享受基本的养老、失业保险，而且允许农民工在解除或终止劳动关系时，一次性领取养老和失业保险金。③随迁子女教育。1993年颁布了《北京市实施中华人民共和国义务教育法办法》，规定外地适龄儿童、少年可以在北京市申请借读，2002年北京市教委出台了《北京市对流动人口中适龄儿童少年实施义务教育的暂行办法》，流动儿童和少年在北京市公办中小学借读期间，在接受教育、参加团队组织、评优选先、参与文体等各项活动及实行奖励处分等方面应与北京本地学生同等对待。

这一阶段以管控为主的一系列政策使得流动人口规模扩张的趋势得到了很大缓解，2002年北京市流动人口统计数量为332.6万人，仅比1994年增加了76.1万人，但这些政策也对流动人口逐渐形成深层次影响[75]。

四、调整转型，探索服务管理阶段（2003—2009年）

北京市在以人为本的人口管理理念指导下开始对流动人口政策进行调整，逐步清理和废止带有歧视性的法规、规章和政策措施。一是取消了歧视性的就业限制。随着2003年《中华人民共和国行政许可法》《关于做好农民进城务工就业管理和服务工作的通知》和2004年《关于进一步做好改善农民进城就业环境工作的通知》的颁布实施，北京相继取消了《北京市收容遣送管理规定》《北京市外地来京务工经商人员管理条例》，以及配套的5个管理规定，即《北京市外地来京人员租赁房屋管理规定》《北京市外地来京人员务工管理规定》《北京市外地来京人员经商管理规定》《北京市外地来京人员从事家庭服务工作管理规定》《北京市外地来京人员卫生防疫管理规定》，取消了"外来人员就业证""健康凭证"制度和外来人员管理服务费，并取消了单位使用外来务工人员的行业、工种限制以及对外来人员经商的行业、经营范围、经营方式的限制。二是取消了在京购买商品房的审批程序。2003年7月，北京市国土房管局发布了《关于外省市个人在京购房不再经审批的通知》，外省市的个人在北京购买商品房将不用办理批准手续和缴纳购房手续费，大大降低了流动人口在京购房的门槛。三是建立维护流动人口权益制度。社会保险方面，2004年7月制定了《北京市外地农民工参加基本医疗保险暂行办法》和《北京市外地农民工参加工伤保险暂行办法》，规定京外农民工应参加基本医疗保险和大额医疗互助保险以及工伤保险。并且，后续颁布了《关于加快本市农民工参加工伤保险和医疗保险的有关问题的通知》和《关于简化农民工参加工伤保险和医疗保险有关管理问题的通知》，要求加快推进农民工参加工伤保险和医疗保险的进程。至此，北京初步建立了涵盖养老、医疗、失业、工伤保险在内的农民工基本社会保险体系。子女教育方面，2004年8月出台了《关于贯彻国务院办公厅进一步做好进城务工就业农民子女义务教育工作文件意见的通知》，全市公办小学和初中对符合来京务工农民子女免收借读费。另外，修订了《北京市流动人口计划生育管理规定》，提出凡在北京市居住半年以上、实行计划生育的已婚育龄人员，可持"婚育证明"享受国家和北京市规定的计划生育免费技术服务、免费领取避孕药具等基本项目。

这一时期的前半阶段，北京清理了与中央政策精神相违背或与国家法律法规相冲突的政策规定，并实施了改善流动人口服务的种种举措。但是，北京市人口规模持续扩张与资源短缺难以调和的矛盾已经引起了全社会的广泛关注与讨论。2005年年底,北京市委、市政府联合下发《关于进一步加强流动人口管理与服务工作的若干意见》,基于人口流动是城镇化发展不可逾越的客观规律,北京市政府在科学发展观指导下对流动人口服务管理进行了再认识,树立了科学调整产业结构和产业政策、合理控制人口总规模等一系列工作指导思想、工作目标,确立了"以证管人"("证"包括暂住证、工作居住证、户籍及户口指标,以及"北京居住证")、"以房管人"("房"包括出租房、购买商品房资格等)和"以业控人"(即通过产业升级,减少低端行业流动人口)[76]的总体工作思路。同时,在管理理念和管理模式上,提出了"五个转变":要逐步实现由治安管理向城市统筹规划、综合管理转变;实现由重管理轻服务向服务管理并重、寓管理于服务之中转变;实现由户籍人口与暂住人口双轨制管理向社会实有人口服务管理转变;实现由职能部门管理为主向以完善社区服务管理体系为主转变;实现由政府管理为主向政府依法行政、社区依法自治、基层组织广泛参与的社会化服务管理转变[77]。在这一转型阶段,北京市流动人口持续增长,2008年北京举办奥运会,流动人口规模进一步扩张,北京市统计局公布数据显示,2008年北京市流动人口达541.1万人,占常住人口的比例为30.6%。

五、科学规划,社会融合发展阶段(2010年至今)

2010年在北京人口提前10年突破2020年规划人口规模1 800万人的目标后,在"以人为本、融合发展"的指导理念下,综合调控人口规模成为共识。随着社会各界对"三农"问题重视程度的不断提高,农民外出务工数量的持续增加,进城务工人员问题日益受到关注,加之政策条件已基本具备,国家开始从战略发展高度赋予进城务工人员"产业工人"和"国民待遇"的地位,并着力有序实现其权益的均等化和身份的市民化[78]。2013年11月,中共中央《关于全面深化改革若干重大问题的决定》提出,把进城落户农民完全纳入城镇住房和社会保障体系，在农村参加的养老保险和医疗保险规范接入城镇社会保险体系。2014年9月，国务院发布《关于进一步做好为农民工服务工作的意见》，要求依法将与用人单位建立稳定劳动关系的农民工纳入城镇职工基本养老保险和基本医疗保险，研究完善灵活就业进城务工人员参加基本养老保险政策，努力实现用人单位的进城务工人员全部参加工伤保险，推动进城务工人员与城镇职工平等参加失业保险、生育保险并平等享受待遇。2014年2月，国务院下发《关于建立统一的城乡居民基本养老保险制度的意见》，提出将"新农保"和城镇居民养老保险两项制度合并实施，在全国范围内建立统一的城乡居民基本养老保险制度。同年，人社部[①]、财政部[②]联合印发《城乡养老保险制度衔接暂行办法》，推动实现城镇职工养老保险和城乡居民养老保险两种制度的衔接，为进城务工人员养老保险待遇的转移接续创造了条件。2016年1月，国务院发布《关于整合城乡居民基本医疗保险制度的意见》，提出要推进城镇居民医疗保险和"新农合"制度整合，逐步在全国范围内建立起统一的城乡居民医疗保险制度。

在国家宏观政策导向下，北京市颁布了一系列政策促进和改善流动人口的公共服务和社会保障体系。一是规范了房屋租赁市场。2012年，北京市政府发布《关于公布我市出租房屋人均面积标准有关问题的通知》，规定出租房人均面积不少于5平方米，且一个房间最多只能住2人。二是完善社会保险制度。2012年北京市人力资源和社会保障局发布《关于本市职工基本医疗保险有关问题的通知》，提出进城务工人员与城镇职工在医保政策上实现统一。三是给予随迁子女受教育权利。2012年年底北京市教委发布《进城务工人员随迁子女接受义务教育后在京参加升学考试工作方案》，提

---

① 中华人民共和国人力资源和社会保障部，简称人社部。
② 中华人民共和国财政部，简称财政部。

出凡进城务工人员持有本市有效居住证明,有合法稳定的住所,合法稳定职业已满3年,在京连续缴纳社会保险已满3年,其随迁子女具有北京市学籍且已在京连续就读初中3年的,可以参加北京市中等职业学校的考试。2013年9月北京市教委发布《2014年进城务工人员随迁子女在京参加高等职业学校招生考试实施办法》,指出凡进城务工人员有居住证明及稳定住所,稳定职业及社保满6年,其随迁子女有学籍且连读高中3年,可在京参加高等职业学校招生考试。

六、政策述评

仅从基本生活需求的角度来考察贫困是片面的,贫困还反映在社会排斥、相对剥夺等社会属性。回溯北京市流动人口政策的演进变迁,体现了一个由被动改革到主动创新的认识与实践过程,也经历了由强制管控向寓管理于服务的友好转变。然而,尽管北京市对流动人口的服务与管理状况已得到极大改善,但是仍存在一些制度和政策障碍亟待破解,如户籍制度妨碍城乡人口合理流动、流动人口权益保障制度有待完善、信息采集技术和共享制度以及财政管理体制应进一步适应动态人口管理需求等,这些都有可能造成流动人口与主流社会的隔阂和排斥。流动人口应对风险的能力有限,为此,北京市须从政府层面为防止城市形成新贫困清除制度障碍。

第四章　北京市流动人口多维贫困的测度与现状

一、社会排斥视角下流动人口多维贫困测度指标体系

作为中国制度变迁与社会转型期的特殊群体，流动人口的贫困兼具流动性、边缘性、持久性、相对性、隐蔽性、演化性、循环累积性和代际传递性等特征。若不解决此类问题，将会给城乡或城际之间带来一系列的负面效应，譬如，增加城市贫困治理难度、加大城市就业压力、阻碍"大众消费"市场扩大、降低社会人力资本积累速度以及激化流动人口与城市居民的利益冲突等。众所周知，流动人口（尤其是进城务工人员）贫困问题是全面深化改革时期扶贫面临的新课题，不仅直接影响流动人口市民化进程，也关系到城市社会的和谐稳定发展，更关乎全面建成小康社会目标的顺利实现。相较于原居住地的贫困，流动人口的贫困治理更加复杂和棘手。贫困问题的有效解决须建立在客观而可度量的标准基础上。在传统减贫策略中，由于我国农村土地的社会保障性质，以收入和消费水平作为衡量贫困的标准是一种有效方法。然而，对于大批进城的流动人口而言，其适用性受到了极大局限。即便如此，流动人口贫困问题仍未脱离贫困理论的基本分析框架。就贫困理论的研究逻辑来看，其研究视角的拓展实际上遵循了"单维→多维"路径。换言之，依照阿玛蒂亚·森的可行能力剥夺理论，

衡量个体贫困程度不应仅采用收入或消费支出衡量,还须从可行能力(核心指标)、政治自由、社会机会、透明性保障和安全防护等多维度考察。

多维贫困的维度侧重考量贫困的宽度,意在更深层次地理解和认识贫困,而每个维度的指标选取既要反映客观事实,也应利于相互比较。现有研究中多维贫困的维度和对应指标选取并不固定,本研究基于借鉴社会排斥理论和阿玛蒂亚·森的贫困剥夺理论,结合当前北京流动人口的现状、特性以及学界多维贫困指标变量选取标准,最终从经济排斥、政治参与排斥、文化教育排斥、社会保障排斥、社会关系排斥及空间排斥6个维度构建流动人口多维贫困测度指标体系,共包括15个二级指标,各维度的权重等分所在方面的权重,如表4-1所示。

表4-1 流动人口多维贫困测度指标体系

维度	二级指标	剥夺临界值
经济排斥 (1/6)	超时劳动(1/18)	超时劳动=1,否则=0
	拖欠工资(1/18)	拖欠工资=1,否则=0
	同工不同酬(1/18)	同工不同酬=1,否则=0
政治参与排斥 (1/6)	政治参与权利(1/12)	政治参与权利缺失=1,否则=0
	权益代表组织(1/12)	权益代表组织缺失=1,否则=0
文化教育排斥 (1/6)	流动人口继续教育(1/12)	国家对流动人口继续教育的支持政策较弱=1,否则=0
	流动人口子女受教育(1/12)	流动人口子女受教育不公平问题未根本改变=1,否则=0
社会保障排斥 (1/6)	社会保险(1/12)	城镇工伤保险、医疗保险、失业保险和生育保险均未参加=1,否则=0
	住房保障(1/12)	同工不同酬=1,否则=0
社会关系排斥 (1/6)	主要交往对象(1/18)	不与市民交往=1,否则=0
	主要求助对象(1/18)	遇到困难时不能向市民求助=1,否则=0
	主要业余生活(1/18)	无市民共同参与=1,否则=0

(续表)

维度	二级指标	剥夺临界值
空间排斥 (1/6)	居住空间隔离（1/18）	流动人口未与市民构筑共同的社会空间=1，否则=0
	社区空间隔离（1/18）	流动人口与市民在社区活动中缺少正常交流沟通=1，否则=0
	职业空间隔离（1/18）	流动人口与市民在工作中缺少互动与交流=1，否则=0

注：括号内数据为权重。

社会排斥的概念起源于20世纪六七十年代的法国，最早用于分析福利性社会政策。将社会排斥分析框架用于贫困研究，最早起源于英国学者Townsen等提出的"社会剥夺"概念，他认为社会剥夺是指"社会上大多数人认为或风俗习惯认为应该享有的食物、基本设施、服务与活动的缺乏与不足"。之后，社会剥夺概念内涵由物质层面向社会文化层面演变；20世纪90年代初进一步发展成为社会排斥理论和社会排斥分析框架，主要用来研究失业、贫困、两极分化等问题。到目前为止，学界普遍认为社会排斥理论的产生是以对新贫困现象的现实研究为起点。后来随着社会排斥概念内涵与应用领域的扩大，该理论得到不断发展。

在表4-1中，经济排斥是指人们在获取劳动生活资料的过程中所遭遇到的不公正对待；政治参与排斥是指人们参与政治时权利的不足或被剥夺，这种排斥在前现代阶段普遍存在，它是通过明确的法令制度规定不同的人享有不同的政治权利；文化教育排斥是指人们被排斥出正常的文化知识系统，包括失去基于社会认可的和占主导地位的行为、生活发展方向及价值观模式而生活的可能性，以及不能平等享有受教育的权利；社会保障排斥是指人们无法享有社会权利，被排斥出某些国家福利制度而无法获得公正的国民待遇；社会关系排斥是指社会网络分割和社会支持减弱，在一定程度上可以解释人们在社会资源和社会交往方面的不公正及其获得社会支持机会的不公境遇；空间排斥是指人们在日常工作生活中仅限于自己的个人空间，与其他社会成员难以形成空间上的交集。

二、社会排斥视角下北京市流动人口的多维贫困状况

为了研究北京市流动人口的多维贫困状况，使用国家卫健委整理开发的中国流动人口动态监测调查数据（China Migrants Dynamic Survey，简称CMDS）中的2014—2018年北京市流动人口调查样本。北京市流动人口数据样本覆盖北京东城、西城、朝阳、海淀、丰台和石景山6个城区以及门头沟、房山、通州、大兴、昌平、顺义、平谷、怀柔、密云、延庆10个远郊区。调查对象为在本地居住1个月及以上，非本区户籍的流动人口。因此，基于北京市流动人口的抽样调查数据，从经济、政治参与、文化教育、社会保障、社会关系及空间6个方面描述北京市流动人口面临的多维贫困状况。

（一）经济排斥维度的"贫困"状况

1. 工资水平总体偏低

近年来，随着劳动力供给的刘易斯拐点到来，劳动力工资快速上涨，流动人口的收入水平也在较快上涨。尽管外出流动极大改善了流动人口原本的贫困程度，特别是农业户口的流动人口收入水平增长较多，但是，流动人口在北京市等大城市却仍然处于相对贫困状态，流动人口工资水平与城镇职工仍然存在较大差异，流动人口中的低收入群体是城市贫困人群的重要来源之一。2014年，北京市城镇单位就业人员月均工资为8 522元，而北京市样本数据显示，北京市流动人口月均工资为4 859元，仅为城镇就业人员的57.02%。将流动人口按照户籍细分为农业流动人口和非农业流动人口，2014年农业流动人口月均工资为4 210元，非农业流动人口为6 318元。2018年，北京市城镇单位就业人员月均工资为12 487元，而北京市样本数据显示，北京市流动人口月均工资为6 608元，仅为城镇就业人员的

52.9%。2018年农业流动人口月均工资为5 257元,非农业流动人口的月平均工资为9 320元。由此可见,北京市的流动人口与城镇就业人员的工资有一定差距,特别是进城务工群体的工资较低。

2. 就业岗位较为低端

寻求就业机会是大多数流动人口城市的第一动力,能不能在城市里顺利地实现就业,是流动人口经济融入的首要方面。相对于城镇就业人员,外来流动人口在劳动力市场上属于弱势群体,主要就职于劳动报酬低、福利待遇差、工作环境恶劣且职业声望较弱的次属劳动力市场。近年来,北京市为了解决本地居民的就业问题以及其他相关问题,先后提出了对外来人口实施"总量控制"等措施。在这些政策的作用下,流动人口在北京市的职业类型与城市原住人口之间存在一定的差异。2016年北京市流动人口样本数据显示,从就业行业分布来看,第一产业(农林牧渔业)就业的流动人口非常少,所占比例仅为0.5%;第二产业(制造业、采掘、建筑、电煤水生产供应)从业人数也不多,所占比例之和为18.9%;从事第三产业(服务业)的人数最多,占比合计为73.2%。北京经济的高速发展,尤其是第三产业不断扩张并创造了数以百万计的就业岗位,成为吸纳流动人口的主要渠道。从第三产业内部流动人口具体就业分布来看,批发零售业就业人数占23.6%,住宿餐饮业就业人数占15.7%,社会服务业就业人数占15.9%,三者合计占流动人口总人数的55.2%,占据第三产业就业总人数的75.5%,而金融、保险、房地产、科研和技术服务业就业的流动人口则非常少。

2018年北京市流动人口样本数据显示,就业行业分布中,第一产业(农林牧渔业)就业的流动人口较2016年的占比有所增长,所占比例为0.9%,但是,占比仍然很低;第二产业(制造业、采掘、建筑、电煤水生产供应)从业人数的增长相较其他产业高,所占比例之和为26.8%;从事第三产业（服务业）的人数相较2016年有所减少，占比合计为56.0%。从第三产业内部流动人口具体就业分布来看，批发零售业就业人数占14.5%，住宿餐饮业就业人数占7.9%，社会服务业就业人数占20.9%，三者合计占流动人口总人数的43.3%，占据第三产业就业总人数的77.5%，而金融、保险、房地产、科研和技术服务业就业的流动人口仍然很少。因此，在京流动人口主要从事第三产业中的传统服务业，从事现代服务业的人数较少。这与传统服务业进入门槛低，对从业人员专业知识、劳动技能、户籍身份、学历要求不高有很大关系。

3. 超时工作现象仍存在

流动人口融入城市需要通过一定强度的社会活动得以实现，这不仅需要物质条件为基础，而且也需要投入相应的时间和精力。当前许多流动人口想获取劳动力维持成本以外的收益需要通过加班实现。《2016年全国农民工监测调查报告》显示，外出农民工年从业时间平均为10个月，月从业时间平均为24.9天，日从业时间平均为8.5小时。日从业时间超过8.0小时的农民工占64.4%，周从业时间超过44.0小时的农民工占78.4%。同样，2016年北京市流动人口样本数据显示，北京市的流动人口也存在超时工作。从表4-2中可以看出，北京市流动人口每周平均工作5.97天，周工作天数的中值为6天，每天平均工作9.18小时，每天工作时间的中值为8.00小时。从表4-3中可以看出，若将每天工作时间细分为3个区间，有51.8%的流动人口每天工作8.00小时及以下，30.0%的流动人口每天工作9~10小时，每天工作11小时以上的流动人口比例为18.2%。具体到行业来看，建筑行业因受工程进度要求的影响，工人经常加班，而在机械化生产线上工作的人员，由于其供职的企业通常实行标准化管理，对职工工作时间要求较为具体，基本实行8.00小时工作制。

表 4-2 2016 年北京市流动人口工作时间

统计值	每周工作天数（天）	每天工作时间（小时）
均值	5.97	9.18
中值	6.00	8.00

数据来源：根据 2016 年中国流动人口动态监测调查数据整理。

表 4-3 2016 年北京市流动人口每天工作时间及占比

每天工作时间	工作时长占比（%）
8 小时及以下	51.8
9~10 小时	30.0
11 小时以上	18.2

数据来源：根据 2016 年中国流动人口动态监测调查数据整理。

2018 年北京市流动人口样本数据显示，北京市流动人口超时工作现象仍然存在。从表 4-4 中可以看出，北京市流动人口每周平均工作 48.9 小时，周工作时间的中值为 40.0 小时，每天平均工作 9.78 小时，天工作时间的中值为 8.00 小时。由此可见，当前较多的流动人口从业时间仍然超出《中华人民共和国劳动法》规定的劳动者每日工作时间不超过 8.00 小时、平均每周工作时间不超过 44 小时的法定工时。这就挤压了流动人口休息闲暇和社会融入的时间，导致流动人口休闲生活匮乏。

表 4-4 2018 年北京市流动人口工作时间

统计值	每周工作时间（小时）	每天工作时间（小时）
均值	48.9	9.78
中值	40.0	8.00

数据来源：根据 2018 年中国流动人口动态监测调查数据整理。

4. 拖欠工资现象较少出现

近年来，中共中央三令五申，要求杜绝流动人口特别是进城务工人员的工资拖欠问题，同时地方政府也开展了一些"清欠"行动，拖欠工资的现象已明显减少。针对北京市流动人口的一项调查显示[79]，91%的被访者能够按时领取工资，没有被拖欠；6%的被访者工资偶尔被拖欠；经常被拖欠和一直被拖欠工资的被访者分别占2%和1%。这意味着，北京市流动人口的工资发放情况较好，绝大部分流动人口都能按时领取工资。

(二) 政治参与排斥维度的"贫困"状况

1. 参与政治活动较少

流动人口长期工作生活在北京，其政治参与也由流出地转入北京，但相对于市民而言，流动人口政治参与总体上呈现出"边缘化"和一定程度"政治冷漠"的特点。2016年中国流动人口动态监测调查数据显示，北京市流动人口中仅有20.0%参与了选举活动。其中，农业户籍流动人口仅有5.5%参与了选举活动，而非农业流动人口有14.5%。此外，一项抽样调查研究显示，北京的进城务工人员群体中，43%参与了家乡的选举活动，26%参与了城市社区居民代表大会选举、工会选举、党委会选举等活动，还有28%的进城务工人员没有参与过政治选举。《2018年中国流动人口动态监测数据调查》显示，北京市流动人口中只有33.3%参与了选举活动。从表4-5中可以看出，其中，参与选举活动的农业户籍流动人口仅有6.7%，非农业户籍流动人口也只有26.6%。对于流出地的基层民主自治活动，不少流动人口表示那里的大小事务已经跟自己没有多少关系，不会为选举事宜请假停工赶回家，对流出地政治生活惰于参与，而城市政治参与度又较低，致使流动人口的政治参与面临双重排斥境地。

表4-5 北京市流动人口参与选举活动情况

年份	参加选举活动的比例（%）	非农业户籍人口参加选举活动的比例（%）	农业户籍人口参加选举活动的比例（%）
2016	20.0	14.5	5.5
2018	33.3	26.6	6.7

资料来源：根据2016年和2018年中国流动人口动态监测调查数据整理。

2. 缺乏规范的权益代表组织

权益代表组织是群体声音和力量的代表，以组织为载体参与国家政治生活往往比个人参与更有效果。当前流动人口在城市中进行权利主张与申诉仍限于个体范畴，很少以集体谈判、集体协商等方式出现，并且大部分流动人口不了解有效的政治参与途径，无法表达自己的政治诉求。工会组织作为工人利益的组织化代表，还没有成为流动人口表达和实现自身利益诉求、维护自身权利的有效渠道。以农民工群体为例，根据国家统计局公布的《2016 年农民工监测调查报告》，从对工会组织的知晓情况看，20.8%的进城务工人员知道所在企业或单位有工会组织，59.6%知道所在单位或企业没有工会组织，还有 19.6%不知道所在企业或单位是否有工会组织。同时，从加入工会组织的情况来看，11.2%的进城务工人员加入了工会组织，其中，经常参加工会组织活动的占 21.3%，偶尔参加的占 62.1%，没有参加过的占 16.6%。北京市流动人口的就业单位性质主要为私营企业和个体工商户，所占比例分别为 31.8%和 27.0%，在国有企业、机关或事业单位的就业人数较少，均在 5%左右。由于私营企业和个体工商户一般没有建立工会组织，因而大多数流动人口缺乏专门的维护自身权益的正式组织，尽管人数众多，但无法形成团体的力量，无法依靠正规渠道来维护自己的权益。

《2018 年农民工监测调查报告》显示，从参加工会组织活动的频率来看，进城务工人员参加所在社区、工会组织的活动积极性有所增加。在进城务工人员中，26.5%的人参加过所在社区组织的活动，其中，有 3.5%的人经常参加，23.0%的人偶尔参加。在已加入工会的进城务工人员中，经常参加工会活动的人数占 26.0%，偶尔参加的人数占 56.3%，但是，加入工会组织的进城务工人员人数仍然较少，占已进城务工人员总数的 9.8%。北京市流动人口的就业单位性质主要为私营企业和个体工商户，所占比例分别为 19.0%和 65.0%，在国有及国有控股企业、机关与事业单位的就业人数较少，详见图 4-1。

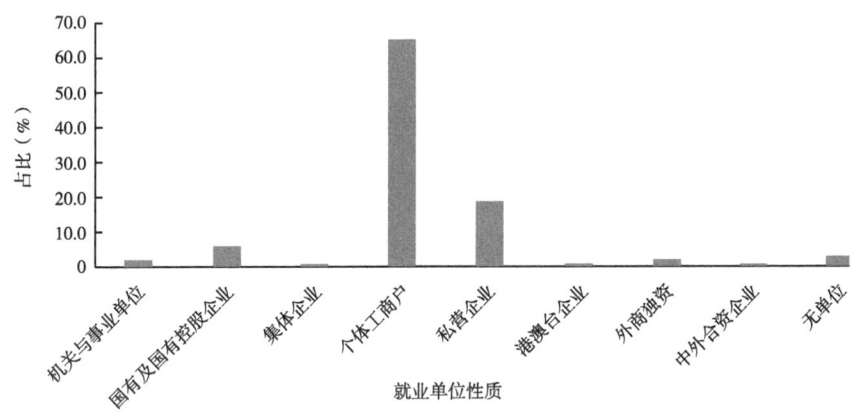

图 4-1　2018 年北京市流动人口就业单位性质

（三）文化教育排斥维度的"贫困"状况

1. 继续教育服务政策支持不足

流动人口受教育水平总体随着经济社会发展有所提高，但相比城镇劳动力而言，其文化素质明显较低，缺少高等的劳动技能，继续教育是后天提高劳动力专业技能水平和专业化人力资本积累水平的有效手段之一。政府管理在流动人口继续教育中起着主导作用，在实际中，政府的继续教育服务政策主要针对公务员和专业技术人员培训，而在涉及流动人员继续教育的社区教育方面虽然有文件提及，但主要是间接意义上的扶持。2016 年，北京市接受过继续教育的流动人口比例为 27.4%，大多数流动人口接受继续教育的机会较少。由于自身技能水平较低，大多数流动人口只能在低端劳动力市场就业，而经济地位较低使得流动人口容易游离于城市主流文化之外，造成文化教育的相对贫困。

2. 流动人口子女受教育情况

人口流动不仅为北京带来了劳动力，也带来了其家属和子女，举家迁移已经成为人口流动的主要形式，流动人口子女在北京的教育需求日益突出。改革开放40多年来，我国大中城市依然维持着传统的城乡二元户籍制度，面对大规模人口迁移流动的社会现实，教育公共服务依旧与户籍制度挂钩，尤其是地方财政以户籍所在地来统计适龄儿童人数，因而离开了户籍所在地的流动儿童无法被纳入流入地政府地方财政的统筹拨款与教育资源分配中，这样的教育经费投入机制，造成了流动儿童在非户籍地城市接受同等教育机会的制度性屏障。

北京市流动儿童义务教育政策波动较大。早期曾出现大量进城务工人员自办的打工子弟学校，管理和规范难度很大。长期以来，流动儿童入读公办学校要提供家长就业证明、全家户口簿、住所居住证、暂住证、老家无人监护证明（简称"五证"）。2014年，在控制特大城市人口规模的要求下，北京市出台"以业控人""以房管人""以证管人"等多项举措，到2020年北京市常住人口控制在2 300万人以内的"硬指标"如今已经实现。受相关政策影响，对外地户籍常住人口子女的入学政策骤然收紧，入学门槛提高，同时，对打工子弟学校招生和办学的管理也更加严格。

截至2015年年底，在北京市普通中小学（含民办打工子弟学校）接受义务教育的流动儿童总数为48.36万人，其中，37.87万名流动儿童在公办学校就读，占义务教育阶段在读流动儿童总数的78.31%，约8万名流动儿童在民办打工子弟学校就读，占义务教育阶段在读流动儿童总数的16.54%，其余2.49万名流动儿童在高收费民办学校就读（每学期学费在10 000元以上），占义务教育阶段在读流动儿童总数的5.15%（图4-2）。据2021年国家统计局统计，在北京市普通中小学（含民办打工子弟学校）接受义务教育的流动儿童在校率为99.6%。从就读的学校类型看，84.40%在公办学校就读，10.50%在民办打工子弟学校就读，5.10%在高收费民办学校就读（图4-2）。

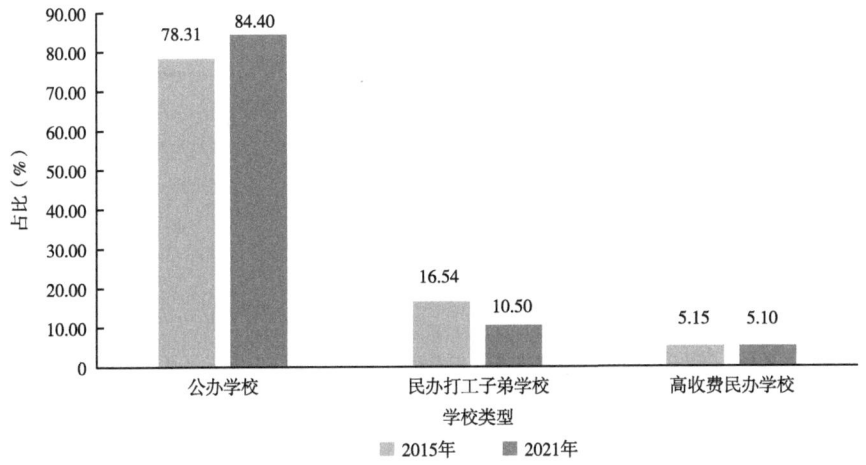

图4-2 2015年和2021年北京市义务教育阶段流动儿童就读学校类型

从流动儿童教育政策的时间演变阶段来看，由图4-3所示，2004—2013年，北京市义务教育阶段非京籍在校学生统计人数持续上升，从2004年的22.7万人，上升到2013年的47.3万人，10年累计增加24.6万人，平均每年增加2.46万人。2014年3月，中共中央发布《国家新型城镇化规划（2014—2020年）》，要求"严格控制城区人口500万以上的特大城市人口规模"，北京市表示要遏制人口无序快速增长，采取"以业控人""以房管人"等多种措施，"教育控人"政策开始出现。2014年5月，北京市教育委员会出台《关于2014年义务教育阶段入学工作的意见》，明确要求义务教育阶段非京籍适龄儿童，需提交"五证"以及其他相关材料，"五证"的审核权限也由原来的街道为主，变更为要求各区建立非本市户籍适龄儿童少年接受义务教育证明证件材料联合审核机制。2014年入学要求提高后，小学阶段和初中阶段非京籍学生招生人数分别为55 233人和36 971人，同比下降幅度分别达26.25%和9.89%。

2015年，北京市各区"五证"的门槛要求较2014年进一步提高，大多

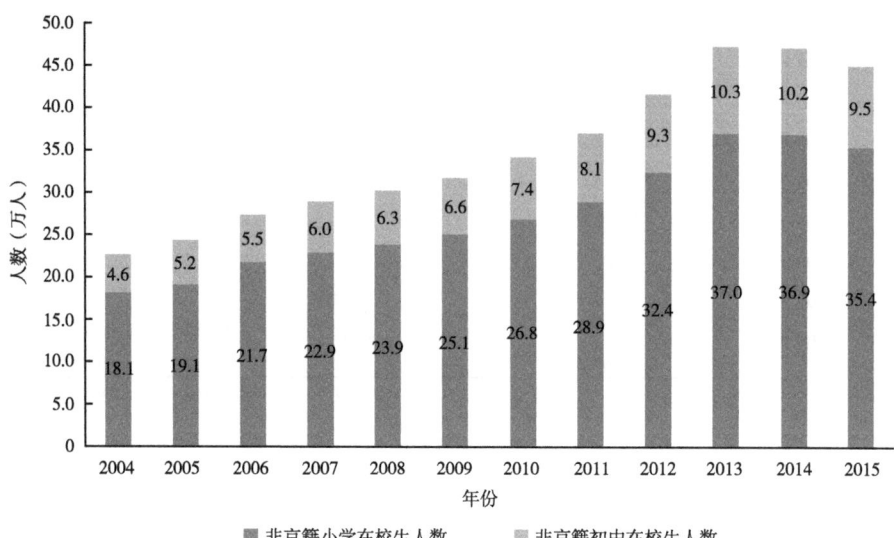

图 4-3　2004—2015 年北京市义务教育阶段非京籍在校学生

数区要求必须在本区就业、具有连续社保缴纳证明、具有租房完税证明，并限定暂住证起始时间。受此影响，2015 年小学阶段和初中阶段非京籍学生招生人数分别为 46 191 人和 33 398 人，再次同比下降 16.37% 和 9.66%。2016 年之后北京市流动儿童的教育政策整体同 2015 年基本保持一致。

（四）社会保障排斥维度的"贫困"状况

社会保障制度作为流动人口分散和抵御社会风险的重要机制，体现了其在城市生活和维持生计方面的制度支持。社会保障亦代表着一种"公民身份"，是当地政府和企业提供的公民福利，当流动人口被纳入到城市福利体制内，会增强其对城市的归属感和认同感，进而促进城市融入。然而，尽管流动人口在城市中就业和居住，但是其享受的医疗、养老、住房、社会救助等方面的社会保障，仍主要来自其流出地而非流入地。

1. 社会保险覆盖率较低

流动人口的社会保障体系主要包括养老保险、医疗保险、失业保险、工伤保险、生育保险及住房公积金等。由2016年北京市流动人口样本数据显示，北京市的流动人口参加养老保险（含新农保）的比率相对较高，达76.9%，工伤保险、失业保险和生育保险3项险种的参保率相差不大，分别为53.8%、52.9%和49.9%，而纳入北京市住房公积金体系的流动人口比例较低，仅为30.0%。作为社会保障的最基本形式，医疗保险具体可分为新型农村合作医疗保险、城乡居民合作医疗保险、城镇居民医疗保险、城镇职工医疗保险和公费医疗保险5个类型，总体来看，大部分流动人口参加了新型农村合作医疗保险和城镇职工医疗保险，这两项保险的参保率分别为45.2%和41.8%，其他3种医疗保险，即城乡居民合作医疗保险、城镇居民医疗保险和公费医疗保险的参保率均不足5%（图4-4）。可以看出，北京市流动人口参加的社会保险仍以其流出地特别是农村地区的保险为主，而城乡社会保险体系存在差异，流动人口受益明显较低。2018年北京市流动人口样本数据显示，大部分流动人口参加了城镇居民医疗保险和城乡居民合作医疗保险，这两项保险的参保率分别为34.6%和31.1%，其他3种医

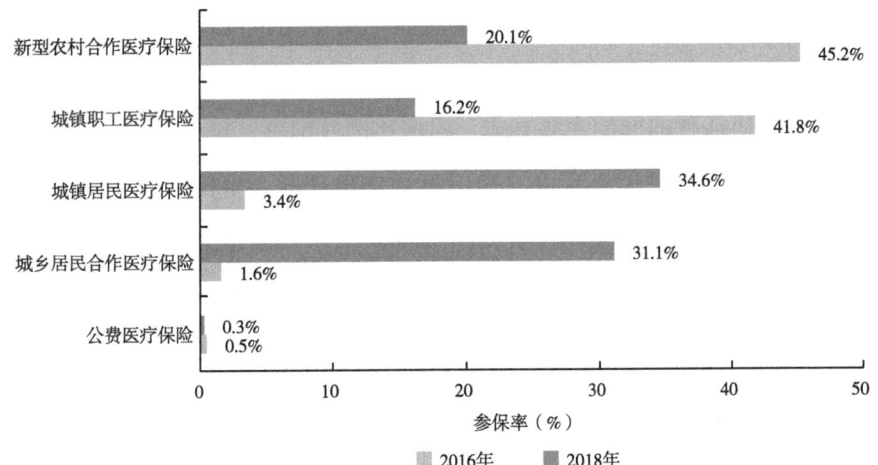

图4-4 2016年和2018年北京市流动人口医疗保险参保情况

疗保险,即新型农村合作医疗保险、城镇职工医疗保险和公费医疗保险,前两项保险的参保率分别为20.1%和16.2%,公费医疗保险的参保率只有0.3%左右。由图4-4可以看出,2018年北京市流动人口在流入地参加社会保险特别是参加城乡社会的保险覆盖率相较2016年有所增加,但是从整体来看,社会保险覆盖率还有很大的提升空间。

2. 城镇住房保障作用微乎其微

流动人口流入城市必然会产生相应的居住需求,从2016年北京市流动人口样本数据可以看出,租房是流动人口在北京解决居住问题的主要方式,租房比例达64%,在租房的人群中,仅有11%的人租住单位或雇主房屋,其他89%的人需要自己寻找私房租住。另外,得到单位或雇主提供免费住房的人数占13.5%,可见用人单位提供给员工的非货币性福利仍然欠缺,在北京很多流动人口因为享受不到单位提供的住所,而不得不将自己很大一部分工资收入投入租住房屋之中。此外,仅有12.9%的流动人口拥有自购房,这意味着流动人口在北京等大城市购买住房的能力普遍不足。另外值得注意的是,租住政府提供的廉租房、经济适用房等保障性住房的流动人口仅有0.2%。2018年北京市流动人口样本数据显示,租房仍然是流动人口在北京解决居住问题的主要方式,租房比例为61%,较2016年有所降低。仅有11.8%的人得到单位或雇主提供免费住房,用人单位在给员工提供非货币性的福利方面仍然欠缺,在北京的很多流动人口很大一部分工资收入用于租住房屋。流动人口拥有自购房占比有所增加,为20.1%,这意味着流动人口在北京等大城市购买住房的能力有所增强,但是,从总体来看购买住房能力还是普遍不足。租住政府提供的廉租房、经济适用房等保障性住房的流动人口仅有0.77%。可见流动人口的住房仍游离于城镇住房保障体系之外,城镇住房保障对于解决外来流动人口住房问题发挥的作用十分有限(图4-5)。

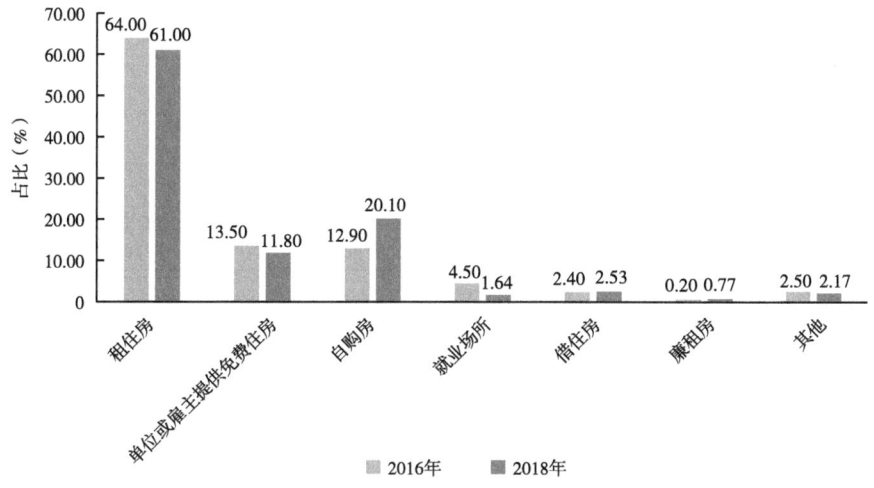

图 4-5　2016 年和 2018 年北京市流动人口居住状况

（五）社会关系排斥维度的"贫困"状况

流动人口进入城市后往往依靠的社会资源仍然是以亲缘、地缘维系的乡土性社会网络，习惯于"老乡见老乡"。这种社会交往关系在流动人口流入城市初期发挥着减少就业成本等积极作用，但随着居住时间的延长，存在疏离主流文化、形成亚文化、阻碍进一步融入当地社会的不确定性作用。

1. 社会交往和求助对象内缘化

北京市流动人口社会交往和求助对象主要由亲戚和同乡构成，向外拓展和延伸非常少。2016 年中国流动人口动态监测调查数据显示，除工作时间外，北京市流动人口与打工的亲戚、同乡、朋友交往最多，比例均超过60%；与本地户籍同事、同学、亲戚交往频率较低，均不足 22%；与政府管理服务人员交往的比例最低，仅为 3.07%；同时，还有一些流动人口很少与人交往，比率为 17.80%。流动人口求助对象与交往对象相似性较高，以在一起打工的亲戚、同乡、朋友为主。当在北京遇到困难时，求助对象的比例由打工亲戚、同乡、朋友、本地同学、本地户籍同事、本地户籍亲戚至执法部门人员依次降低;同时,很少求助人的比例达23.14%,仅次于打工亲戚、同乡、朋友,居于第四位(表4-6)。

表4-6 2016年北京市流动人口社会交往和求助对象

对象关系	占比(%)							
	打工亲戚	打工同乡	打工朋友	本地户籍亲戚	本地户籍同事	本地户籍同学	政府管理服务人员	跟人来往不多
交往对象	70.87	67.66	63.48	14.25	21.08	17.77	3.07	17.80
求助对象	71.03	58.71	53.39	13.86	14.24	14.49	9.92	23.41

数据来源:根据2016年中国流动人口动态监测调查数据整理。

2. 业余活动中与市民互动匮乏

大部分流动人口经常超时劳动,压缩了业余活动时间,使得其业余活动匮乏,并且在有限的业余活动中,其互动对象也多限于同乡或其他外来人口,影响了他们与当地市民的交往。调查流动人口业余活动中的交往情况,有54%的流动人口表示和同乡人互动最多,有17%的流动人口表示他们和其他外来人口互动最多,而与当地市民互动最多的流动人口比例仅有20%,另有9%的人则表示很少与人互动。可见大多数流动人口与市民共同参与业余活动的频率处于较低水平。

(六)空间排斥维度的"贫困"状况

流动人口从流出地进入流入地,意味着一个新的社会空间形态。流动人口的城市融入本质上是流动人口群体与城市社会结构在空间上的重构过程。然而在这一过程中,流动人口陷入了城市空间排斥困境,即流动人口在城镇工作生活中仍然保持与城市空间的相对独立,双方边界较为清晰、互不干扰,意味着流动人口无法与市民实现有效融合。空间排斥可通过居住空间、社区空间和职业空间3个方面的隔离体现。

1. 居住空间隔离

居住空间是指个体所居住的场所,如居住的社区区位、社区性质等。

具体地,一是从居住区位来看,流动人口居住地点呈现边缘化。居住地点是流动人口人际交往的重要场所,居住区位是否科学合理,对人际交往距离、群体融合和社会公平等有着重要的影响。基于生活成本的综合考量,流动人口往往集聚在条件简陋或位于区位边缘的住房里,如房租低廉的城乡接合部、"城中村"等。二是从居住方式来看,流动人口主要呈现群体聚居形式。一般来讲,聚居型的居住方式会导致流动人口与市民之间形成一定的空间距离,使他们的社会交往呈现出一种"内卷化"的特征,而混居型的居住方式则有助于流动人口接触城市生活方式,促进其城市融入。流动人口的邻居类型体现出社会关系体系规模小、异质性低、实现社会融入途径单一的特征,对流动人口社会经济地位和后致性社会资源的获得消极作用明显。2016年调查数据表明,北京市流动人口的邻居类型以外地人为主,与本地市民相邻居住的比例仅为22.19%,居住形式以聚居为主,容易形成亚文化环境,不利于社会融合。三是从住房性质来看,很多流动人口居住于工棚、工厂宿舍、出租房等,缺少社区、娱乐场所等公共空间,造成流动人口的日常交际范围缩小,融入都市生活的渠道不通畅。

2. 社区空间隔离

社区空间指人们居住、休闲、娱乐、生活最密切的场所,最大的特点在于它是人们相互交往最紧密的一个场所。流动人口的社区活动参与水平,在很大程度上反映了流动人口与其所在地区的融入程度,社区作为社会有机体的最基本单元,是宏观社会的缩影,流动人口参与其所在社区的活动越多,其融入社会的程度越深,同时也说明其对社会的认同感越高。

通过图4-6可以看出,流动人口社区活动参与仍然处于低水平,2016年北京市流动人口样本数据显示,除了社区卫生、健康教育及公益活动参与的人数超过3/10以外,其他的社区活动均有大约3/4的人没有参与到其中。2018年北京市流动人口样本数据显示,参加社区卫生、健康教育及公益活动的人数均有所减少,而计划生育协会的活动参与人数有所增加。参与社区文体活动,不仅能够丰富个人生活,同时也能增强与当地居民的交流与互动,增进彼此之间的感情,为完全融入城市生活奠定基础。然而,2018年流动人口对社区文体活动的参与率不到1/6,相较2016年参与人数减少了1/10,参与度比较低。

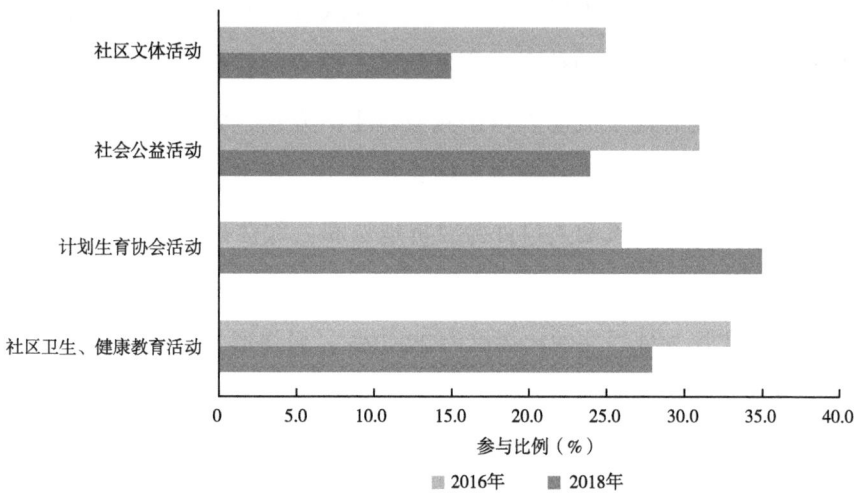

图4-6 2016年和2018年北京市流动人口社区活动参与情况

3. 职业空间隔离

职业空间指的是个体的工作空间,即工作区位、工作场所以及跟工作相关的本单位外的职业空间。流动人口与市民在同一空间中工作,会使得流动人口同市民交流、学习的机会增多,有利于流动人口就业技能的提升及就业相关信息的获取,进而促进其在城市定居、融入。2016年北京市流动人口样本数据显示,流动人口与市民在职业空间中存在一定的隔离。在北京市民工作的单位中,流动人口"少于一半"或"几乎没有"的比例达到46.1%,说明市民所在的某些行业或单位中,流动人员入职有一定难度。特别是政府部门、事业单位、企业管理部门、专业技术人员等职业,流动人口就职的比例要远低于本地市民,其中,流动人口在政府部门工作的比例为流动人口样本总数的0.6%,市民这一比例为5.2%;流动人口作为管理人员的比例为流动人口样本总数的5.4%,市民这一比例为7.1%;流动人口作为专业技术人员的比例为流动人口样本总数的7.6%,市民这一比例为9.6%。此外,流动人口大多就职于普通劳动力市场和半熟练的体力劳动力市场,市民则较少从事这些行业,因而在流动人口的工作场所中,市民"少于一半"或"几乎没有"的比例占到36.5%,可以看出,流动人口与市民的职业空间存在一定程度的隔离,二者在工作单位中接触较少。2018年北京市流动人口样本数据显示,流动人口与市民在职业空间中的隔离仍然存在。在北京市民工作的单位中,流动人口"少于一半"或"几乎没有"的比例达到54.4%,说明市民所在的某些行业或单位中,流动人口入职仍然存在难度。特别是政府部门、事业单位、企业管理部门、专业技术人员等职业,流动人口就职的比例仍然低于本地市民。其中,流动人口在政府部门工作的比例为流动人口样本总数的0.9%;流动人口作为管理人员的比例为流动人口样本总数的4.0%;流动人口作为专业技术人员的比例较2016年增加为17.3%。流动人口大多仍就职于普通劳动力市场和半熟练的体力劳动力市场。

第五章　北京市流动人口多维贫困的社会风险形成、传导及预警机制

一、北京市流动人口多维贫困的社会风险形成与传导

流动人口多维贫困的社会风险，是指流动人口遭遇或主观感受到多维度贫困状态而做出个人或团体失范行为所引发的风险，可细分为个别风险、群体性风险和社会风险。

北京市流动人口多维贫困所引发社会风险的构成要素包括风险源、风险节点、场域和势能。北京市流动人口多维贫困的社会风险源主要来自六个方面，即经济排斥、政治参与排斥、文化教育排斥、社会保障排斥、社会关系排斥及空间排斥，上述根源可转化为社会挫折感、社会诚信缺失和社会焦虑加剧等，它们容易"引发具体个人行为的微观脱序和社会总体行为的宏观紊乱，从而引发社会风险的增多，进而导致社会危机的发生，上述风险源通过传导可产生各种社会风险尤其是治安风险"[80]。

流动人口可能存在就业难、就业稳定性较差，工资较城镇职工收入低、合法权益无法保障等问题，在利益受损得不到弥补的情况下，往往会产生不满和不公平感，易出现紧张情绪，并有可能采取一些抗争行为来发泄自己的紧张情绪，来维护自己的就业权益。其不当行为表现为行为失范，如打架斗殴、破坏秩序等行为，甚至发展到刑事犯罪，如偷盗、抢劫、诈骗等。同时，由于就业困难、失业或收入缺乏保障等情况，产生较大的心理

压力,导致心理及精神疾病。有的演化为自杀、极端讨薪行为等个体极端行为,或发展成为集体冲突等群体极端行为。因此,用犯罪率、反抗行为、发生集体劳动争议、劳动保障投诉4个方面来反映流动人口多维贫困的治安风险情况。其中,反抗行为用含蓄行为发生频率、冲突行为发生频率、极端行为发生频率等指标来测量。

北京市流动人口多维贫困引发的社会风险的生成和演化是一个循序渐进的过程,包括社会风险的生成阶段和社会风险的传导阶段。社会风险的生成阶段又包括风险潜伏期和风险显露期;社会风险的传导阶段则包括风险积聚期和风险总爆发期[81]。结合现有文献及研究调研的实际案例,从理论上推演北京市流动人口多维贫困的社会风险形成过程和传导机制[82],如图6-1和图6-2所示。

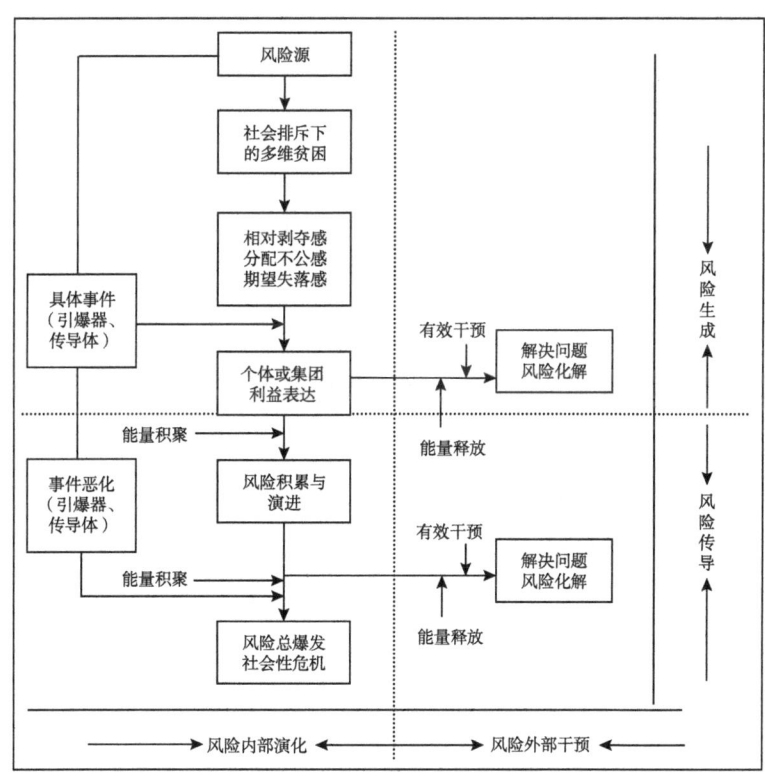

图6-1 北京市流动人口多维贫困的社会风险形成过程

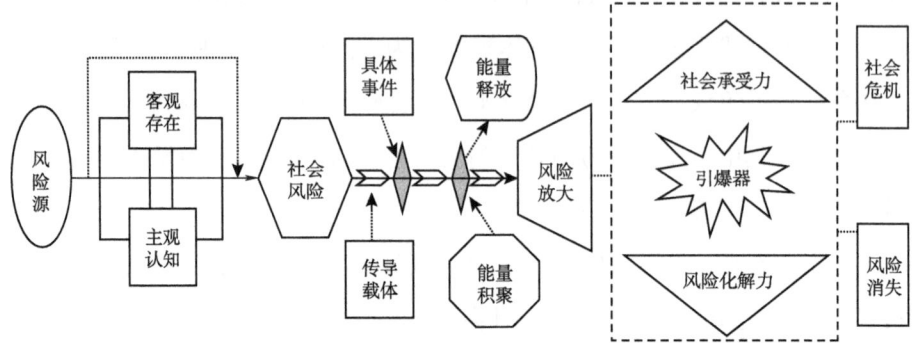

图 6-2　北京市流动人口多维贫困的社会风险传导机制

二、北京市流动人口多维贫困的社会风险预警系统

流动人口多维贫困的社会风险预警系统是指以流动人口多维贫困的社会风险的基本状况为依据，以流动人口多维贫困的社会风险预警指标体系为中心，采用定性与定量相结合的方法，在对流动人口多维贫困的社会风险状态以及未来发展趋势进行测度的基础上，预报不正常状态的警情程度，及时发现风险并发出警示以采取防范措施的系统。其最终目的是进行有效的风险管理，预防由于流动人口多维贫困带来的社会风险问题。北京市流动人口多维贫困的社会风险预警系统由预警指标体系、预警界限的确定、预报警度、报警系统、排警系统五大子系统构成。

（一）预警指标体系

根据文献研究，流动人口多维贫困导致的社会风险的典型案例分析，以及流动人口多维贫困的社会风险的风险源、风险类型、形成过程和传导机制的理论推导，本研究构建的流动人口多维贫困社会风险预警理论指标体系特指治安风险，由犯罪情况、反抗行为、集体劳动争议、劳动保障投诉4个维度构成（表6-1）。

表6-1 北京市流动人口多维贫困的社会风险预警指标体系

一级指标	二级指标	含义及计算公式
犯罪情况	犯罪率	发生刑事案件的农民工人数/调查总人数
反抗行为	含蓄行为发生频率	遭遇歧视时采取含蓄行为的人数/调查总人数（说明：含蓄行为是指自己默默忍受、找亲友倾诉、消极怠工、自己辞职等行为）
	冲突行为发生频率	遭遇歧视时采取冲突行为的人数/调查总人数（说明：冲突行为包括集体谈判、上访、起诉、求助媒体、停工、罢工、游行示威、集体辞职等行为）
	极端行为发生频率	遭遇歧视时采取极端行为的人数/调查总人数（说明：极端行为包括自杀、自残、采取报复行为、偷窃、抢劫、打架斗殴、破坏城市设施、堵路闹事等行为）
集体劳动争议	集体劳动争议率	集体劳动争议发生件数/劳动争议总件数
劳动保障投诉	劳动保障投诉案件数	劳动保障投诉案件数

（二）预警界限的确定

预警界限确定是否恰当，对于准确地监测各项预警指标的变动情况以及运行状态总体趋势的发展变化有较大影响。根据现有参考文献对预警界限的划分通常有三区域法、四区域法和五区域法，鉴于预警界限的确定既要注意简化和降低成本，又要满足一定精度要求，因此，选择四区域法来划分北京市流动人口多维贫困的社会风险预警界限。

预警界限是在正态分布背景下由分布概率确定的。四区域法将预警界限取为3个检查值，相应确定红、橙、黄、绿4种颜色的信号灯表征，按照正态分布中平均数两侧标准差（σ）的分布规律，将标准正态变量为-2σ作为红灯、橙灯的界限，将标准正态变量为-σ作为橙灯、黄灯的界限，将标准正态变量为0作为黄灯、绿灯的界限。

（三）预报警度

根据预警区域划分，将北京市流动人口多维贫困的社会风险警度分为4个等级，即巨警警度、重警警度、轻警警度、无警。预警灯色的显示分别为红灯、橙灯、黄灯、绿灯，如表6-2所示。北京市流动人口多维贫困的社会风险预警实测值分析结果表明，北京市的社会风险警度为轻警（黄灯）。

表 6-2　警度划分

警度	对应区域	信号灯
巨警	极危险区	红灯
重警	危险区	橙灯
轻警	趋势区	黄灯
无警	稳定区	绿灯

（四）报警系统

北京市流动人口多维贫困的社会风险预警应是动态的，应反映社会风险的变化趋势。北京市流动人口多维贫困的社会风险预警的报警系统分为三级报警系统，当预警区域由绿灯区转为黄灯区，即为三级警报；由黄灯区转为橙灯区，为二级警报；由橙灯区转为红灯区即为一级警报，如表 6-3 所示。

表 6-3　预警区域与警报级别对应关系

当前所在预警区域（静态）	预警区域变化趋势（动态）	警报级别
绿灯区	绿灯区	无警报
黄灯区	绿灯区转为黄灯区	三级警报
橙灯区	黄灯区转为橙灯区	二级警报
红灯区	橙灯区转为红灯区	一级警报

（五）排警系统

北京市流动人口多维贫困的社会风险预警的目的不仅是实现对社会风险状态的监测和预测，更重要的是要实现矫正功能，即对出现的异常情况、风险或冲突予以预防和干预，因此需要建立排警系统，根据北京市预警指标实测值表达的风险,有针对性地及时预防和干预可能出现的冲突和风险。

三、北京市流动人口多维贫困的社会风险预警机制

(一) 建立预警监测分级管理运行机制

预警监测系统分为两级管理:一级预警为地区预警监测,由北京市的统计部门、人力资源和社会保障部门、公安部门等实施监测和管理;二级预警为行业预警监测,由流动人口分布较多的典型行业,如建筑业、餐饮业等的行业协会及相关信息机构负责。在流动人口多维贫困的预警监测中各级政府的相关部门有职责对流动人口多维贫困的社会风险进行预警监测。

(二) 搭建流动人口多维贫困的社会风险预警信息应用平台

将前述系统开发成"流动人口多维贫困的社会风险预警系统"软件。在该软件上实现预警指标数据的采集计算、预警评价与推断、预警信号识别、报警、排警五大功能。同时将历史数据导入该系统。在此基础上,建立基于大数据的信息应用平台,该平台包括3层:一是基于大数据的底层支撑平台,提供平台所需的硬件软件支持;二是运营管理平台,提供平台的运营和管理;三是应用平台,包括不同行业的版本。通过该信息平台,实现预警指标数据的收集、计算分析、预警、预测和及时干预,以便为政府相关部门预防可能出现的因流动人口多维贫困引起的社会矛盾和风险防范提供决策支持。

(三) 设计流动人口多维贫困的社会风险应对预案体系

流动人口多维贫困的社会风险可能会在意料之外发生。一旦发生,如何正确应对和处置是成功化解社会风险的重点,因此应在流动人口多维贫困的社会风险等级划分和干预措施基础上,建立由个别社会风险应急预案、

群体性社会风险应急预案、社会风险应急预案三大应急预案构成的应急预案体系,以应对流动人口多维贫困的社会风险。只有构建好了应对预案体系,才能将预警管理的组织体制、运行机制、应急保障和监督管理落实到具体计划、步骤中,提前做好应对社会风险发生的准备工作。

第六章　北京市流动人口多维贫困的社会风险防控政策体系

基于北京市流动人口多维贫困的形成原因及其可能引致的社会风险，本章从经济融入、政治融入、文化教育融入、社会保障均等化、城市社会关系融入、消除空间排斥等层面构建北京市流动人口多维贫困的社会风险防控政策体系。

一、经济融入层面

（一）加快企业人事制度改革，打破流动人口"双轨制身份界限"

北京市的流动人口与城镇就业人员的工资有较大差距，特别是农民工群体的工资较低，流动人口通常是以合同工的身份在企业工作，而企业长时间执行"双轨制"的人事制度，会形成员工之间的恶性竞争，导致员工基本福利得不到保障，工资待遇低，职业上升渠道基本止步于中层。因此，2017年2月6日中共中央、国务院印发的《新时期产业工人队伍建设改革方案》要求，改革企业人事管理和工人劳动管理相区分的双轨管理体制，实行统一的人力资源管理制度。目前，我国企业普遍存在人力资源管理"双轨制"模式，就是在企业内部，基于劳动者不同的身份形成不同的用工方式，采用不同的管理方法，给予不同的待遇。随着企业人力资源管理现代化水平的提升和劳动法治环境的不断完善，这一模式的诸多弊端也日益显现，极大地影响了企业管理的现代化水平、流动人口员工的生产积极性及其对企业的归属感与认同感，也极大地阻碍了流动人口员工的职业发展。基于上述原因，北京地区率先实行统一的人力资源管理制度，就是要改革企业用人制度，切实打破人力资源管理中"工人"与"干部"之间，正式工、临时工与劳务派遣工之间、长期稳定工和流动人口员工之间的身份界限，让流动人口员工施展才华有舞台，成长发展有通道，劳动付出有回报，维护和保障好流动人口员工的劳动经济权益。

在《新时期产业工人队伍建设改革方案》精神的指导下，北京市各区级政府和一些企业应继续在统筹城乡统一劳动力市场、消除就业歧视的基础上，不断深化企业人事制度改革，逐步由"双轨"转化成"单轨"，积极推进这方面的工作落实。例如，规范劳动用工制度，不断加大对流动人口员工劳动经济权益的维护；企业通过劳动和技能竞赛激励流动人口同场竞技，从优胜者中选拔进城务工人员、临时工等进入编制序列；通过分次补贴或一次性买断等方式，对双轨制中的"老人"应得利益给予适当的清算补偿，为消除身份差别和双轨制提供有力的政策支持。

（二）把握产业结构调整方向，为流动人口创造更多就业机会

产业结构发展方向的调整必然引起就业结构变动。北京市的产业结构决定了包括流动人口在内的劳动力就业结构形式。在京流动人口主要从事于第三产业中的传统服务业，从事现代服务业的人数较少。这与传统服务业进入门槛低，对从业人员专业知识、劳动技能、户籍身份、学历要求不高有很大关系。寻求更多就业机会是解决流动人口经济融入的重要方面，因此，北京市政府要根据北京未来产业结构的调整做好以下几个方面的工作。

首先，依托互联网搭建适合流动人口的技能培训网络平台，以提高流动人口的科学文化知识。第三产业的结构调整升级要达到现代化,其最直接影响是劳动者不适应新行业所需的知识和技术技能。但是,从长远来看,提高流动人口科学文化素质是促进北京现代服务业高质量发展和提高劳动就业水平的根本途径。目前,北京流动人口的总体文化素质相对较低,要更好地融入北京的社会生活,就必须不断提高自身综合素质。越来越多的流动人口认识到这一点,并强烈希望参加各类文化技术的培训学习。传统服务与人们的生活息息相关,流动人口在北京仍有很大的发展空间。如电子产品与家用电器等维修服务、市场产品销售、高端产品推广、旅游解说等是需要专业培训的,而这些行业的工作人员已不能满足北京市目前的需要,急需补充外来流动人口来填补这些工作的空缺。考虑到这些职位的高度流动性和培训收入的溢出效应,各个行业的相关公司往往不愿意对员工进行长时间的岗前培训。作为主要的公共服务提供者,北京必须建立培训设施,扩大培训渠道,为流动工人提供提高技术技能的场所和机会。这不仅有助于提高流动人口的就业水平,也有助于改善他们的工资水平,对优化和加强北京的服务业和社会稳定具有深远影响。

其次,打造一个既开放又竞争的劳动力市场,促进流动人口更好地就业。流动人口的合理就业对补充北京传统服务业的劳动力短缺、促进北京经济的繁荣,以及使得市民生活更轻松作出了重要贡献。流动人口的就业选择主要集中在传统的低技能行业,并且收入不高,工作保障不足,这不仅是由于北京市劳动力市场的体制分工,最重要的还是因为他们自身教育水平不高和工作技能缺乏。促进第三产业结构调整,必须打破以户籍制度为依据的行业切分,为流动人口提供平等、开放和统一的市场竞争机会。必须建立一个有竞争力和筛选力的劳动力市场,由行业劳动力市场来设定知识、文化、技能和资格的门槛,目的是使流动人口具有高文化素质和技能。特别是促使一些高校毕业生有机会参与中高层次的劳动力市场竞争,以逐渐提高外来人员的就业层次，满足现代服务业对高素质人才的需求，促进第三产业内部结构的优化升级。同时，不断完善劳动力市场中人才信息的披露制度，规范职业安置服务活动，建立全市各区之间社会保险转接制度，降低流动人口获取招聘信息的成本，为他们提供必要的社会保障，并创造良好的工作环境。

最后，着力发展现代服务业，并通过现代服务产业的发展来带动传统服务业的现代化。产业结构的升级与流动人口就业之间存在着矛盾和统一的关系。从短期看，产业结构现代化与增加就业的目标相矛盾，会给来京流动人口造成就业机会的丧失，使失业率增加。但从长远来看，层次低的产业结构无法产生快速和可持续的经济增长，没有经济增长，就业岗位就不会增加，最终就业率的增长也会受到约束。相反，只有通过产业结构合理地调整升级，才能提高劳动生产率，才能创造更多就业机会，从而更好地促进就业。对北京市来说，银行、证券、保险和信息等高端服务的长期发展与流动人口的就业增长并不矛盾。发展现代服务业，不仅是提升北京市的城市经济发展水平，扩大其在国际社会影响力的必然要求，而且也是扩展传统服务业的内容和服务方式，促进就业的必要条件，是带动整个城市产业升级的重要途径[83]。

（三）健全法律法规，为流动人口享有平等的工资待遇提供保障

超时工作挤压了流动人口休闲的时间，拖欠工资延缓了流动人口薪资消费的速度，导致流动人口休闲生活缺乏或生活质量得不到提升。应逐步加强有关流动人口的社会经济、政治、文化等的立法，只有健全完善的法律才是让流动人口享有平等的工资待遇的前提。首先，法规是维护社会秩序的有力武器，也是保障社会公民合法权利实现的最后一道防线。目前流动人口的管理法规冗杂，且不同效力等级的法规制度在处罚种类、管理幅度上存在矛盾之处，在执行的过程中既给工作人员带来难度，也增加了流

动人口的负担。为了使管理人员在管理流动人口的过程中有法可依,从而增强管理人员的执法信心,也为了更好地保护流动人口的基本权利,建议由北京市人民代表大会从北京市未来的发展战略层面出台《流动人口管理办法实施条例》和《流动人口权益保护》等法规,并对流动人口"同工同酬"原则进行细化,明确其内容,界定其标准,规定具体的实施办法,增强针对性和操作性,并在相关法规中体现关于流动人口超时工作和拖欠工资等现象的处罚措施。其次,要加大对用人单位违法用人以及发放劳动报酬低于北京市规定的最低标准等现象的处罚力度;明确用人单位对流动人口实行就业歧视所应承担的法律责任,扩展流动人口正当利益受损时的救济途径。最后,加强执法部门的监督力度,劳动保障监察机构监督用人单位与流动人口签订有效的劳动合同,并加大对流动人口劳动关系争议案件的受理力度,拓宽诉讼渠道,简化投诉和争议处理程序,及时处理流动人口提起的各种劳动争议,从而最大限度地保护流动人口的合法工资收入。

二、政治融入层面

消除歧视观念是流动人口政治融入的基础,流动人口由于自身经济水平的限制,一般处于社会底层,而且许多人的文化层次不高使其职业和生活也比较缺乏保障,这就使其易处于不平等的状态。因此,北京市政府和北京市民应设法给流动人口真正的平等。政府应将流动人口纳入统一的管理和服务之中。同时,降低北京居住门槛,鼓励和允许流动人口进京落户,开展流动人口本土化活动,让居住在北京的流动人口感受到北京的热情。要破除流动人口的公共服务由其流出地政府及其相关组织提供的旧观念,给流动人口以流入地市民待遇,在医疗、保险、失业、劳保、就业培训、儿童入学,以及相应的各种福利待遇等方面逐步实现平等,为流动人口自觉参与政治提供心理上的动力。只有资源平等,才能实现政治平等[84]。

树立尊重流动人口的观念。"流动人口"与"北京市民"不只是地理学上的意义，更具有社会学意义。因此，要充分发挥舆论宣传的正面作用，以积极的态度影响北京市民对流动人口的看法，引导市民纠正偏见，消除对流动人口的歧视心理，在全社会形成良好的社会氛围，促使城市居民与流动人口形成良性互动。教育北京市民树立尊重劳动、尊重流动人口的观念。

（一）营造良好的户籍制度环境，确保流动人口政治参与的一致性

确保流动人口政治参与一致性的核心是建立平等身份制度，消除流动人口同一身份转变和社会流动的障碍。通过深化户籍制度改革，营造良好的户籍制度环境，才能逐步消除农业户籍与城镇户籍的人为差异，取消身份限制，改变目前在户籍制度的影响下流动人口与北京市民政治参与程度不一致的现象；要在制度上确认流动人口的平等地位，确保流动人口和北京市民政治参与的一致性[84]。

城乡户籍制度改革是实现进城流动人口平等享有政治参与权的关键，应加强制度改革，助力流动人口走出政治参与困境。但就实际情况而言，推行全面废除城乡二元户籍制度的难度较大，因此着眼于配套制度建设与权利配置均衡的思路更适合指导流动人口政治参与。第一，继续弱化户籍附加功能。彻底剥离依附在户籍上的各项福利与权利，消除因户籍制度而产生的利益摩擦和冲突，使流动人口享有平等的政治参与权利。第二，继续推行新型人口登记管理制度。加强原有思维定式的转变，在打破现有户籍制度的视域中思考如何改革户籍制度，用人口管理的新视角进行改革创新。进一步推行无城乡差别的人口登记制度，实现城乡人口管理的一体化、信息化、科学化，合理保护流动人口权益，有效配置劳动力资源，为流动人口融入北京营造良好的制度环境，也为流动人口在北京正常的政治参与奠定基础。第三，稳固农村土地流转与退出制度。通过灵活可行的政策加快土地流转步伐，完善土地租赁、转让、抵押二级市场，鼓励进城流动人口自愿有偿退出土地，解决他们融入城市的后顾之忧。第四，建立新的户籍管理法规，户籍管理是一种通过调整社会秩序、社会关系而实现治国安邦的手段，是一项政策性很强的工作。没有法规支持，这项工作难免会出现无序、无度、无为的局面。目前，《中华人民共和国户籍条例》的部分内容与新版的《中华人民共和国刑法》和《中华人民共和国刑事诉讼法》相冲突，为适应法治要求和户籍制度改革的形势，迫切需要制定与市场经济相适应的"户籍法"，以"保护"户籍制度改革。以法律的形式促进北京城市化的发展进程，促进社会人口的自由流动，以法律的方式决定人口的自由流动。第五，加快人口管理信息化。随着户籍改革的持续推进落实，户籍主要成为人口信息和服务系统。因此，可以通过主管户籍的公安部门和公共服务机构，积极实施以统一人口信息平台、智能ID、统一信用体系为基础，北京市政府各部门和有关公共服务机构对人口信息平台合理共享，并将户口迁移办法由审批式改为备案式的信息管理系统。建立这样的信息管理系统，户籍管理系统将能够从单纯的行政管理模式转变为面向大众的服务管理模式。

(二) 着力构建"现实平等"的利益表达机制

健全流动人口的政治利益表达机制，从法律平等真正过渡到现实平等。一是逐步建立以居住地为依据的人民代表大会制度。以居住地为选区划分标准，不但能将流动人口群体纳入选民范围，也可以有效避免工作单位和户籍所在地标准同时存在时出现的重复选举，使选区内代表比例分配更加合理。二是完善社会公示制度和听证制度。知情权是公民有效政治参与的前提。为切实保障流动人口的政治知情权，必须完善社情民意反映制度、与群众利益密切相关的重大事项社会公示制度和社会听证制度。相关部门在出台有关流动人口利益政策时，必须听取流动人口的意见，与流动人口利益相关的听证会应邀请一定比例流动人口代表参加，积极听取流动人口的诉求和建议。三是政府应加强流动人口和各级人大代表之间的联系，形成流动人口互访机制，定期了解流动人口的生活状况和正当要求。

"现实平等"的利益表达机制还要加强基层信访制度建设，信访制度有利于政府和民众之间的交流和沟通，是流动人口进行政治参与的重要制度，影响流动人口的政治参与和意见表达。由于现行信访制度存在问题，流动人口参政渠道不通畅，有必要完善现行信访制度。完善信访制度，首先，要整合信访部门的设置。建立由北京市人民代表大会常委会信访办公室管理的纵向信访制度。具体而言就是以人民代表大会常委会信访办公室为中心，负责受理所有信访案件，其他信访部门为辅助机构，负责处理具体事务。其次，赋予信访机构独立的权限和职责，完善信访职能和信访程序。流动人口可以要求信访部门根据《中华人民共和国信访法》的相关规定，按照调查程序对违法失职行为或侵害他人合法利益行为作出明确回应并予以处理，真正发挥信访部门的职能，在流动人口和北京市政府之间搭起信任的桥梁。再次，提高信访人员专业化水平。信访不仅对信访者要有一定的素质要求，对信访工作人员也有一定的专业化要求。最后，应该扩大基层请愿的渠道。在遵守现有信访渠道的基础上，不断发展和创新信访渠道，如定期举办信访会议、领导下访、设立领导接待日等做法都是很好的创新。同时，还要加强信访在基层的工作。强化领导信访责任制，不断完善信访监测机制，提高信访工作人员工作水平，真正实现信访为流动人口服务的宗旨[84]。

（三）增强流动人口的有序组织化程度

正确认识流动人口的组织化，流动人口的组织是流动人口、政府与企业之间搭建的沟通桥梁，是彼此之间最直接的沟通纽带，亦是缓冲地带。可以合理引导流动人口建立自组织，自组织作为流动人口实现自我保护、自我组织和自我管理的组织,比较适合北京市目前流动人口的现实需求。因此,应合理引导流动人口的观念与认识,促使自组织正常有序发展。在自组织的形成过程中要提高流动人口政治参与意识,并充分发挥自组织作用,加强流动人口的自我学习能力,提高流动人口的整体素质,拓宽流动人口政治参与的渠道。

可以直接增强流动人口组织化程度的途径就是鼓励流动人口加入各个流入地企业单位的工会。作为一个综合性的社会组织,工会的宗旨是维护劳动者的合法权益。工会作为流动人口政治参与的渠道,应保护流动人口的合法权益,实现流动人口与政府的良性互动。促进流动人口的有效政治参与也是流动人口融入工作单位、社区机构的重要机会。当前,流动人口已成为北京市劳动者的重要组成部分,保护流动人口的合法权益应成为各级工会的工作重点。因此,需要加强各单位工会的建设,使工会能够真正保护流动人口的合法权益,成为流动人口政治参与的有效途径[84]。北京各企事业单位要积极动员和吸纳流动人口加入工会组织,创新流动人口加入工会组织方式。一是建立流动人口群体专属工会组织,通过源头入会、劳务市场入会、先入会再组织、加强劳务派遣人员入会等一系列措施和方式,努力推进工会建设和会员发展工作。二是建立健全流动人口会籍管理制度。针对流动人口流动性强、职业身份转换快的特点,形成特有的"一次入会、信息入网、全国通用、籍随人转"会籍管理制度,并且建立城乡一体的流动人口信息管理机制,确保会籍随流动人口务工地转变而迁移,真正做到长久有效地维护其合法权益。三是加强流动人口基层党、团组织建设。积极吸收流动人口中的优秀分子加入党、团组织,充分发挥流动人口中党员和团员的先锋模范作用。

(四) 发动流动人口政治参与能动性,提高政治素养

流动人口政治参与不仅是维护自身权益的需要,还是发展社会主义民

主和维护社会稳定的需要，更是构建社会主义和谐社会的需要，不仅影响我国城市化、社会化的进程，而且对北京市新时代的政治体制改革起着举足轻重的作用。因此要发挥北京市党政宣传部门、各大媒体的作用，宣传引导人们认识到流动人口政治参与的重要性。一方面，大力增强流动人口现代法律民主意识。北京市政府、社会组织等应在流动人口聚集地开展普法宣传活动，向流动人口介绍有序参与政治生活、维护合法权益的正规途径以及流动人口参与政治生活对国家和社会发展的非凡意义。政府应鼓励大中小型企业按照员工数量分别设立不同规模的外来务工人员职工代表，明确流动人口的晋升机制，通过直接普遍参与政治实践活动使流动人口了解政治生活，获取行使政治权利的知识和信息。另一方面，着力提高流动人口综合素质。通过大力推动成人技能培训、职业化教育培训，来提高流动人口的素质及工作技能，同时，发挥媒体的宣传作用，树立流动人口积极励志的新形象，拉近流动人口与市民的社会距离。通过流动人口社会地位的提高，形成流动人口的政治自信，使他们更有兴趣也更有信心参与到北京的政治生活中，为自己的荣誉代言。

通过加强宣传教育、定期开展相关活动、营造良好的社会氛围，来提高流动人口的政治素养。各区流入地政府、社区、街道积极开展多种社会活动，以喜闻乐见的形式，在潜移默化中提高流动人口的文化素养、思想觉悟和法治观念，进而间接提高流动人口的政治素养。一是将流动人口纳入各个社区及街道正常的思想政治工作范畴，定期组织流动人口党员、入党积极分子参加社区街道的党员干部理论学习班，系统地学习科学理论，同时，在不影响流动人口正常的工作生活的前提下，不定期地组织流动人口党员和入党积极分子观看法制教育影片、召开研讨会。二是倡导精神文明进家入户，开展评选"文明户、五好户、新风户、和谐户"活动。三是开展创建文明社区、文明街道活动，动员流动人口为第二故乡的发展建设献计献策。

通过开展教育、管理、服务融于一体的流动人口管理工作，使本地区流动人口的科学文化、思想道德、法治观念得到普遍提高，同时，既可以得到广大流动人口的全力支持与热情回应，也可以提高流动人口的政治素养。

(五) 网络政治参与平台建设，拓宽流动人口信息渠道来源

网络政治参与是随着网络技术和通信科技的发展而出现的一种新的政治参与形式。网络政治参与扩大了流动人口的政治参与渠道，为流动人口的政治参与提供了相对平等和自由的空间，也扩大了流动人群的信息渠道来源，使他们能够更好地了解社会信息。在大数据时代背景下，互联网成为流动人口了解信息、表达意见、相互交流的重要工具。各级政府部门应顺应流动人口利益诉求的需要，完善网络政治参与平台的建设，在网络上加强党的方针政策和重要会议精神的宣传工作，重视网络民意的收集和整理，构建畅通的流动人口与政府间的诉求—回应机制，使网络在保障公民知情权、参与权、监督权和表达权方面发挥重要的作用。与此同时，网络是一把双刃剑，合理发挥网络优势、扬长避短，也是流动人口网络政治参与中应引起注意的问题。针对这个问题，中共北京市委网络安全和信息化委员会办公室应加强网络监管，合理引导流动人口通过现代化通信工具进行交流与沟通，通过理性的方式进行政治参与，把握住正确的舆论导向。流动人口也要擦亮眼睛，学会辨别信息的真伪，不盲目参与其中，不通过互联网散布政治谣言，不蓄意破坏政治参与的正常秩序，共同推进流动人口网络政治参与理性化与法治化。

三、文化教育融入层面

(一) 健全职业继续教育机制，提升流动人口实用技能和整体素质

建立市政府主导、职业学校负责、企业支撑的"三位一体"职业继续教育机制。一是应充分发挥政府在培训供给方面的核心作用。政府部门要增加公共经费,加强督促检查,强化对流动人口的劳动职业技能鉴定,对考核合格者发放职业能力证书,并作为北京落户的优先条件,调动流动人口参加教育培训的积极性;二是职业学校应主要负责流动人口的岗前职业教育,为即将进入劳动力市场的初中与高中教育程度的流动人口,免费提供至少一次系统的职业技能教育,增强其获得稳定工作的技能;三是用工企业应主要负责流动人口的岗位培训,要按国家规定提取并使用职工培训费,对企业用于流动人口职业技能培训的开支可在税前列支,调动企业开展培训的积极性,保障已经进入劳动力市场的流动人口接受初级、中级职业技能培训。

在人口流出地和流入地的政府通过资金资助和政策扶持,在北京各区流动人口聚居的地区,成立"流动人口职业学校""流动人口进修学校"等培训机构,鼓励流动人口在业余时间参加职业教育和培训并参加自学考试[84];在流动人口工作单位附近开展阵地建设,开办"流动人口学校",为流动人口提供网络、电视、报纸、杂志等以方便其接受教育;街道社区还可以组织居住在社区的流动人口和北京市民参加各种文化和体育活动,通过活动的交流,可以在北京市民和流动人口之间架起友好沟通的桥梁,让流动人口在不知不觉中学习和感受北京的文化和精神氛围,不断提高自身素质。

(二)构建流动人口文化生活社会支持网络,提升其文化实践能力

作为丰富社会资源的主要提供者,北京市政府应积极履行提供基本公共文化服务的义务,承担起均衡城市公共文化服务的责任,正确处理公平与效率的关系,加大基本公共文化服务长期和短期的有效供给,优化供给结构。发展覆盖所有公民的公共文化服务,优化北京市社会基本公共文化服务的配置,提高流动人口的文化实践能力。

社会支持是指来自流动人口之外的各种帮助行为的总称,除了来自北京市政府、各区政治组织的各种制度性支持外,还包括家庭、邻里、亲友和非正式组织的支持。一是加强亲友和邻里对流动人口的关心,了解流动人口个人内在的心理困扰和面临的文化困境,通过适当的心理干预,激发流动人口个人文化参与的潜能,助其个人协调处理个人与环境的社会关系,增强其文化适应能力。二是搭建社区文化交流平台,开展教育与服务活动,以组建流动人口与市民生活小组的方式进行有目的的互助互动,使参与小组中的流动人口个人获得心理的适应、日常行为的改变、文明行为的养成、社会功能恢复和发展等,帮助他们解决实际问题,增强对生活和社区的信心。三是社会工作者以社区工作的方法介入,解决流动人口在身份与角色转换、生活模式养成、城市归属感与文化认同感形成过程中出现的种种疑惑与困难,帮助新生代流动人口自觉从文化层面主动融入城市社区。

(三) 扶持民办学校规范发展,增加流入地教育资源

2022年2月8日,教育部①发布《教育部2022年工作要点》,文件支持和规范民办教育健康发展,要求持续深化民办教育分类管理改革,发挥民办教育工作部际联席会议制度作用,完善民办学校分类扶持、分类管理的政策举措,指导各地加快出台配套政策。积极、稳慎推进民办义务教育发展专项工作,加快优化义务教育结构,确保义务教育学位主要由公办学校和政府购买服务方式提供。研制民办学校举办者变更管理办法,维护教育公益属性,研制加强对民办学校全方位督导的指导文件,引导民办教育有序健康高质量发展。这为改善流动人口随迁子女的教育问题,提出了指导性的意见。

北京市政府可以依据《教育部2022年工作要点》,继续发挥公办学校作为接收随迁子女主渠道的作用,同时积极扶持、规范管理以接收流动就

---

① 中华人民共和国教育部,简称教育部。

业人口子女为主的非公办学校。鼓励各区政府以购买教育服务的方式，加强对民办流动人口子弟学校的扶持力度，促进义务教育办学形式多样化，同时节约政府征地、配备师资、保障运转的经费开支，减少因生源不稳定所导致的公办教育资源浪费。流入地各区政府应实事求是地制定审批办法和办学标准，组织民办学校参加专业教师培训、教育质量监测等工作，把民办学校全面纳入政府监管和服务范围，引导民办学校依法规范办学，提高办学质量；为解决流动人口子女的教育问题，民办学校也应主动承担相应的教育责任，将流动人口的子女也作为重要的生源。

建立多元化的资金保障机制。教育的发展离不开财政支持，财政投入最终会影响学校的质量。公办和民办学校都是义务教育的重要组成部分。民办学校筹集资金很困难，因此有必要将民办学校的经费补贴作为经常预算列入北京各区政府的预算支出。北京市政府应根据当地学校的支出水平和民办学校的资金状况，向有需要的学校提供财政支持，并帮助这些学校尽可能达到同级别和同类型公立学校的办学标准，为提高民办学校的质量创造经济基础，也为北京市教育系统缓解部分压力[85]。

（四）完善义务教育财政体制，强化中央和省级政府主体责任

首先，细化中央和北京市政府在流动人口随迁子女义务教育经费配置上的分摊比例。对于跨省流动的流动人口家庭，中央财政应承担其随迁子女义务教育一半的投入责任；对于省内流动的流动人口家庭，省级财政应分摊一半的投入责任。其次，在现行财政体制中，虽然中央和省级政府财政能力相对较强，但其承担义务教育经费的责任却微乎其微。凡在义务教育公共投资中承担责任的一级政府，均应具有相应的财政能力，这是其履行责任的基本条件。但在现行义务教育公共投资体制中，由于投资主体的责任与其财政能力不相称，导致流动人口的流出地和流入地教育资源不均衡[86]。所以中央应加大对流入地尤其是流动人口随迁子女流入集中地区政府的专项转移支付力度。中央财政可基于全国中小学生学籍信息管理系统的信息资源，加大对流入地政府购买教育服务的专项转移支付力度，为北京各区流入地政府解决随迁子女义务教育问题提供充足的财力支撑。最后，完善流出地、流入地政府以及同层次、同区域政府间政策协调机制。流入地政府应加快推进户籍、异地升学等制度改革，消除身份差异，扩大公办学校接收随迁子女的规模，同时在流动人口居住较为集中的城乡接合部进行科学的学校布局，发挥公办学校作为接收随迁子女入学主渠道的作用。流出地政府及其他层级政府应配合做好流动人口子女学籍信息和教育经费转移，共同维护随迁子女入学和升学权益。

（五）逐步取消二元户籍制度所附加的教育福利身份差异

深化城乡二元户籍制度改革，逐步取消附着于户籍上的教育福利分配制度，建立以城市常住人口为基准的城市规划制度，保障流动人口的自由迁徙是解决随迁子女"上学难""升学难"的主导方向。鉴于各地在经济社会发展水平和户籍承载优质教育资源机会上的差异，当前剥离户籍制度的教育福利功能并不现实，只能采取渐进式的改革路径。短期内，北京市在随迁子女入学问题上，应简化入学手续、减少限制性证明材料，可采取主要依据居住证就近入学的保障政策，明文禁止各地附加的潜在条件和乱收费现象；在随迁子女异地中考、高考的问题上，主要采取依据"居住证+居住年限+连续就读年限"的改革路径，居住年限和就读年限分别对应家庭对本地的贡献，以此摆脱高考移民质疑。

流动人口子女受教育问题是流动人口最关心的问题。每一个公民都平等地享有受教育的权利，这种权利不得因民族、性别、身份、地域的不同而有所不同，它要求国家教育资源的投入应当均衡，不得因城乡差异而有所差别。据北京市教育委员会有关负责人介绍，义务教育实行全免费后，可享受这一优惠政策的，不仅包括北京市义务教育阶段的学生，也包括外来人员子女,但能够免费上学的外来人员子女,必须符合具体的规定,例如,仅限于外地进城务工的农民工子女,而且每个符合条件的农民工只能有一个孩子可享受义务教育全免费,还要提供各种证明。各区政府一方面应该根据本地区的实际情况,制定相应的政策,以有利于流动人口子女与本地学生平等地接受教育,另一方面要及时了解流动人口子女入学及受教育的情况,发现问题、解决问题,切实保障流动人口子女受教育权益的落实。

近年来,农村流动人口随迁子女的义务教育问题越来越受到党和政府的高度重视,党的十七大报告提出"保障进城务工人员子女平等接受义务教育",党的十八大报告明确指出"积极推动农民工子女平等接受教育",党的十九大更是提出了"努力让每个孩子都能享有公平而有质量的教育"。因此,在当前积极推进教育公平、大力保障流动人口子女教育的政策方针的指引下,需要采取切实有效的措施帮助农村流动人口随迁子女接受公平的义务教育。具体来说,可以做好以下几个方面工作。

1. 树立教育公平理念

教育公平,理念先行。理念是引导人们一系列行为的先导,只有树立教育公平的理念,才能在法律法规、政策措施等的制定、实施和监督过程中,充分考虑到教育公平的重要性和必要性。教育公平的理念内涵如下。

(1) 对所有学生一视同仁的理念。我国是社会主义民主国家,法律上规定了人与人之间是相互平等的。因此,需要继续加大户籍制度的改革力度,放宽农村流动人口随迁子女在公立学校的入学条件,提高他们的入学机会,"让每个孩子享受国家规定的义务教育,努力解决好流动人口子女就地入学问题,是政府义不容辞的责任"[87]。

(2) 教育资源均衡配置的理念。公办学校和民办学校追求培养社会主义建设人才的目标是一致的,因此,政府应该平等对待所有学校,特别是要积极支持以招收流动儿童为主的民办学校,帮助民办学校解决师资、资金、场地等方面的问题,所有学校都要分担义务教育责任。

(3)教育统筹规划的理念。市政部门要将流动人口子女教育纳入城市教育主流进行合理布局,并根据流动人口的数量、分布和变化以及学校数量制定适当标准,科学规划土地利用和学校规模。要尽力接纳流动人口子女上学,解决"入学难"问题。

(4)关照弱势群体的理念。农村流动人口在城市中普遍处于弱势地位。他们在文化背景、经济等各个领域处于不利地位,这将使儿童在教育过程中遇到困难,需要政府和社会各界的关注。因此,应建立社区支持机制,使他们能够获得广泛的支持,使每个人都能从城市发展的成果中受益[85]。

2. 加强教育法治建设

在中国持续推进法治化进程中,必须加强教育法律体系的建立,从立法和司法两个方面保护流动人口子女的受教育权。因此,有必要为流动人口制定专门的法律,如"流动人口法"和"城市流动人口儿童保护法",以保护流动人口的居住、就业、教育等权利。同时,应尽可能完善一些规章制度,或采用一些附带规则,以明确主要职责和责任,使其更具功能性,并确保职责明确,以保证在实施过程中不会出现责任不清、相互推诿等情况。在这方面可以借鉴其他国家相关的成功做法。例如,美国的"流动学生教育计划"(Migrant Education Program)。该计划源自于美国联邦政府《初等和中等教育法案》(Elementary and Secondary Education Act,简称ESEA)修订案,旨在解决跨区务工人员子女、无家可归儿童、移民家庭孩子和军人家庭子女等流动儿童的健康和教育问题,从法律上保障了流动人口随迁子女接受教育的权利,并且在实践中取得了很好的效果[88]。

3. 建立健全社会教育帮扶机制

在现代社会,社会帮扶、救助日益成为社会文明进步的象征。在我国构建和谐社会的背景下,建立针对弱势群体的帮扶机制显得尤其必要。《国家基本公共服务体系"十二五"规划》将基本公共教育服务体系作为重要内容,《国家中长期教育改革和发展规划纲要(2010—2020年)》提出了"逐步实现基本公共教育服务均等化"的目标。因此,建立和完善流动人口子女教育的社会救助机制是城市管理部门的当务之急,社会教育支持机制应包括以下几方面。

(1)主体结构。教育经费由政府各部门和社会机构提供。教育部门负责设立,社会机构负责实施。

(2)资金担保。教育帮扶作为一项公益性事业,在开展教育援助过程中需要人力、物力以及财政支持。资金来源包括政府特别补贴、企业或个人捐赠,以及各种基金。政府应设立一个特别账户来管理这项资金。

(3)监测实施情况。政府可以从特殊社会机构购买教育服务。为了实现资助目标和提高资助质量,政府应建立一个监测和评估机制,专门评估这些教育资助机构的工作,并监测和评估教育工作的进程和结果[85]。

(六)营造文化融合育人环境,促进流动人口子女健康成长

我国是一个统一的多民族国家,随着我国经济和社会的不断发展,流动人口的规模不断扩大,流动频率也不断加快。在流动人口中,许多儿童随父母离开家乡,到其他地区学习和生活。调查数据显示,北京市流动儿童的数量不在少数,流动儿童主要接受义务教育。从成长阶段来看,流动人口的子女正处于身心快速成长阶段,这是形成人生观、价值观和世界观的关键时期。各民族的交往、交流和交融(以下简称"三交")是实现民族团结和进步的基础。增强中华民族的共同体意识,既是国家建设中"三交"理论的核心,也是"三交"实践的指南。做好这方面的工作不仅可以帮助流动儿童适应移民后的学习和生活,也是加强其国家意识的有效措施。

首先,关注留守儿童成长教育。建设好北京全市中小学电子学籍系统,实现对留守儿童的动态监测；发挥寄宿制学校积极作用，增强留守儿童的归属感，减少其情感上的孤独感；组织和帮助留守儿童进行心理咨询辅导、参与文娱活动，并为其搭建亲情电话、网络视频等与家长沟通的平台。

其次，营造随迁子女文化融合的育人环境。鼓励流动人口子女与北京儿童混合编班，实现教育过程平等；开发文化教育融合的校本课程，介绍北京社会文化和不同地域农村独特的文化传统、生活习俗，让城乡儿童了解城乡文化差异并融会贯通；加强校园文化建设，形成包容、和谐、友爱的文化氛围，让城乡儿童在交往中消除隔阂、共同成长。

再次，为消除流动人口子女在校学生的自卑心理，引导他们树立自立自强的积极心理，各相关学校应经常开展面向学生层面的融合文化活动。倡导融合首先从语言沟通开始，让流动人口子女融入学校的大家庭首先就要从听懂普通话、会说普通话开始；经常组织各种活动，让孩子们在平等、和谐的交流中增强融入感和归属感。

最后，学校是对学生进行教育的主要阵地，流动人口中不免有少数民族儿童，因此学校要将民族"三交"教育作为学校教育的重要内容，承担起对随迁儿童"三交"教育的主导责任，肩负起促进民族团结的重大任务。具体可以从以下两方面开展工作。

一方面，营造良好的校园和课堂文化氛围。"三交"的本质是文化交流，在一定的文化氛围中可以更好地实现"三交"。流入地中小学应高度重视校园文化"三交"的教学功能，通过校园景观、建筑设计等文化载体的物化形式，营造多样开放的校园文化氛围，使各民族优秀传统文化相融合，帮助所有学生在潜移默化中接受"三交"教育；建立各种校园文化活动平台，为流动儿童创造展示自己的机会，如集体游戏、歌唱比赛和介绍各民族传统节日，开展"三交"教育；重视建立集体课堂文化，营造良好的课堂氛围，帮助儿童解决心理和社会问题。

另一方面，发挥教师的引导作用。在老师的精心指导下帮助流动儿童树立中华民族共同体意识，培养深厚的民族团结情感，并掌握"三交"的方法和技巧。北京市各区中小学校要发挥班主任和任课教师正确的引导作用，通过课堂教学和课后辅导对流动儿童进行"三交"知识辅导，并在课后通过开设常识课或专题讲座等形式，普及相关知识和民族政策，加强对中小学生民族团结的教育和中华民族共同体意识培养的力度、深度、频度。另外，教师要关注流动儿童的心理健康，从内心深处积极接纳流动儿童并给予真切的人文关怀，并要教育本地学生不得歧视、排斥他们，积极主动与他们进行"三交"[89]。

四、社会保障均等化层面

(一) 建立健全城乡统筹的社会保障体系，扩大流动人口社会保险覆盖面

第一，根据来京不同类型流动人口的群体特点与需求差异，重点考虑流动人口收入水平较低、承受能力有限的事实，通过放宽进入条件、政策协调等措施，在遵循低起点、广覆盖、有重点、有差别、易衔接等原则的基础上，从社会保险、就业保障等多个维度来解决流动人口在京生活的社会保障问题。

第二，整合城乡碎片化的社会保障体系，建立健全城镇职工基本医疗保险/城镇居民基本医疗保险与新型农村合作医疗之间、城镇职工基本养老保险/城镇居民社会养老保险与新型农村社会养老保险之间的转移衔接办法，实现流动人口养老保险和医疗保险关系全接续。

第三，扩大流动人口参保覆盖面，完善将从事个体经营或灵活就业流动人口纳入养老保险的实施办法。强制用人单位为流动人口缴纳工伤保险和失业保险，并且保障流动人口与城镇职工享受同等待遇。建立惠及流动人口的社会救助制度，特别是关心失业和低收入流动人口的生活状况，减轻其在北京的生活压力，保证其生活稳定，促进社会和谐。

第四，供需管理相结合，改善流动人口社会保险参与状况。流动人口社会保障率低的主要原因有两个：在需求方面，部分流动人口受到自身因素的制约，不了解社会保障，参与社会保障的意识很低；在供给方面，当前的社会保障体系法律化程度不高，流动人口参与社会保障的规则和政策不详细、不明确，具有结构性缺陷。因此，应改善当前的政策环境，将供给管理放在首位，结合需求管理，提高流动人口社会保险的参与比例。供给管理方面，加大北京市政府对社会保险方面的财政投入，增加流入地的就业机会，扩大流动人口社会保险覆盖范围；同时，规范企业用工制度，完善和实施《中华人民共和国劳动法》，鼓励企业依法用工，签订正式劳动合同，保障流动人口的合法权益，参与社会保障。需求管理方面，加强正规学校教育并重视人力资本的继续教育，通过开展有针对性的职业技能继续教育培训、政策法规知识宣传、生理健康知识的宣传来提升人力资本积累，优化流动人口自身专业素质，从而让流动人口有能力、有意愿去参与社会保险[90]。

第五，搭建网络信息平台，科学管理服务流动人口。流动人口中大部分人群为农业户口，而农业户口的参保比例远远低于非农业户口，究其原因，除了受城乡二元户籍限制的影响，还主要因为异地社保转移、接续手续繁杂而导致流动人口放弃参保。因此，要提高流动人口参保意愿就必须搭建网络信息平台，通过联网共享，科学管理服务流动人口参保，提高流动人口参保的可操作性。目前，劳动保障等部门均有单独的流动人口管理数据库，但基本信息未实现联动管理，各个系统数据之间差距较大，且需要多人同时信息采集和维护，存在重复劳动现象，给基层工作造成了较大的压力。因此，需要搭建全国统一的流动人口实时传输服务管理平台，整合流动人口关于社会保障方面的信息，实现信息采集对象界定、数据采集标准确定和数据结果使用"三统一",提高流动人口服务管理效率,进而有利于北京市人口管理平台对流动人口信息的收集处理。所有信息录入后通过省级信息中心数据交换平台实现流动人口信息跨地区、跨部门、跨系统共享,提高信息综合利用能力,方便流动人口参保。

第六,统一社会保险参保制度,摆脱"碎片化"困境。北京市社会保险制度呈现"碎片化"状况:城市与农村分割,私人部门与公共部门分立,导致现在形成多种社会保险制度并存的局面。这使得城镇基本养老制度费率不统一,各区基本养老制度也有差异,流动人口群体在流入地更是被分割在不同的社保制度区域内。受此影响,不同的就业单位性质、不同职业、不同户口性质的流动人口享受的各种福利、参保范围、最低缴费基数、缴费比例、缴费方式等均不同,使得流动人口在参保意愿上表现出显著差异。因此,要想提高流动人口社会保险参保率就必须统一规范社会保险参保制度,摆脱目前的"碎片化"困境。建立全市统一的社会保险制度需要将目前"简单型"的统账结合方式优化为"混合型"统账结合方式,从而凸显制度便携性,弱化城乡、企业性质及职业类型等对流动人口是否参与社会保险的影响,使其不受身份转换制约,可在异地自由流动并自愿参保[90]。

(二) 完善中央与地方财政转移支付制度,推进社会保障均等化

在明确中央政府与地方政府事权和财权相匹配的基础上,加大中央财政转移支付的力度。围绕基本公共服务均等化目标,中央和地方要合理划分事权,并赋予地方政府充分的财权。中央财政要围绕推进基本公共服务均等化进程,进一步加大对地方的一般性转移支付,尤其是财力性转移支付。中央对地方的一般性转移支付,要考虑地方外来人口的公共服务支出因素,与各地吸收和承载外来人口的数量挂钩。同时,地方财政应明确以流入地为主解决流动人口社会保障问题的导向,提升地方政府为流动人口提供社会保障的动力和能力,逐步形成地方财政收入随人口聚集度增加而

增长的机制。

近年来，涉及流动人口切身利益的矛盾和问题不仅数量增多，而且问题更加复杂。因此，推进流动人口社会保障均等化刻不容缓。首先，在北京市委市政府领导下协调各方利益，减少利益冲突。其次，在公共事务的决策和监测中应充分考虑流动人口的利益，从公平公正的角度切实保护流动人口的根本利益。再次，合理引导流动人口利益表达，完善冲突解决机制，使流动人口的合理诉求得到保障。最后，探索建立流动人口社会保障体系，完善保护流动人口基本权利的社会政策，建立平等保护与特殊保护相结合的机制，并在某些方面给予流动人口一定的政策倾斜。

社会保障均等化体系是人民生活的安全保护网和社会正常运行的稳定器。习近平总书记指出："社会保障是保障和改善民生、维护社会公平、增进人民福祉的基本制度保障，是促进经济社会发展、实现广大人民群众共享改革发展成果的重要制度安排，发挥着民生保障安全网、收入分配调节器、经济运行减震器的作用，是治国安邦的大问题。"正因如此，党才时刻关心社会保障均等化体系的建设，不断发展和创新社会保障制度。党的二十大报告明确提出"覆盖全民、统筹城乡、公平统一、安全规范、可持续"，这是对中国特色社会保障制度建设认识的新阶段。北京市政府民生部门更要在此基础上高度重视社会保障均等化这个重大民生问题，对流动人口的社会保障和北京市民一视同仁，在具体的工作中体现出党的二十大报告中"覆盖全民、统筹城乡、公平统一"的要求，同时，在开展社会保障均等化工作的过程中，一定要以"安全规范、可持续"为原则，只有这样才能真正做到社会保障制度让流动人口满意。

（三）推动流动人口纳入住房保障体系，改善其居住条件

第一，构建以"经济适用房、公租房、农村土地置换房以及限价商品房"为主的"四位一体"住房保障体系，保障流动人口城市居住权益。根据流动人口的健康状况、年龄大小、教育水平、经济能力、居住时长、缴纳社保年限以及流动人口对北京市所作出贡献的大小，提供不同形式的住房保障，为流动人口能够长期在京生活提供相应的物质基础。

第二，认真贯彻落实住房公积金制度，保障流动人口的劳动权益。住房公积金本质上是分配劳动收入的一种形式，所有员工，无论其企业规模大小，都应给员工缴纳住房公积基金；同时，北京市政府应对为员工缴纳住房公积金的企业给予税收优惠，以提高企业和流动人口参加的积极性。

第三，针对流动人口当前在京住房问题，广泛听取社会各界的意见，通过多种形式、多种渠道实施解决方案；广泛使用金融、财政、土地和其他政策工具，吸引社会资金为流动人口建造居民保障性住房，引导鼓励流动人口集中的开发区或工业园区为流动人口建设相应的配套公寓。

第四，完善住房保障体系。解决流动人口住房问题，要建立"低端保障、中端支撑"的住房市场体系。通过二元户籍制度的改革让流动人口拥有与北京市民相同的购买权，取消了经济适用住房，打破限价房对流动人口的限制，并发放住房补贴，帮助中低收入群体购买商品住房。

第五，降低门槛，扩大保障范围。应为不同的流动人口建立适当的准入条件，引入适当的标准，加大对符合标准的流动人口的保障力度。一是逐步适当降低流动人口住房保障的门槛，逐步扩大社会保险缴纳、居住证等保障范围；逐步放宽或取消社会保险缴纳年限、居住证持有年限等条件限制。二是实物配租、租赁补贴发放及租金减免多种保障方式并行。在住房严重短缺时期，主要是实物租赁；在供需矛盾减小的时期，租金补贴标准根据收入水平和市场租金标准适时制定和调整。

（四）增加配套服务供给，强化政府监督执行力度

在向流动人口提供公共服务的决策和实施过程中有许多利益相关者，包括北京市政府部门、企业、非营利组织、志愿者、居民、当地社区、媒

体等。从合理性、影响力和紧迫性3个角度可以将利益相关者划分为以下两类：一是"政府内利益相关者"，即主要利益相关者；二是"政府外利益相关者"，即隐藏利益相关者。对供给主体的协同优化路径就体现在这两类利益相关者如何进行联动合作。政府内联动，顾名思义就是流入地政府与流出地政府的联动，虽然北京各区流入地政府承担了流动人口公共服务供给的主要责任，但这并不意味着流出地政府在流动人口流出后，就可以不承担任何义务。针对流动人口外出务工之前的信息、咨询、培训，以及外出务工之后的维权，流出地政府不仅有义务而且有条件提供相关的公共服务。流入地与流出地作为主要利益相关者，只有深度合作，才能帮助新居民完成"人的城镇化"，具体可以从合作组织、合作方式、合作领域三方面探索协同供给路径。

在合作组织上，可从纵向与横向着力。纵向上建立一个垂直的分级组织，明确当前市政府和各区政府在公共服务供应方面的职责划分。中央政府制定法律法规，规划流动人口合理有序流动，协调北京市和其他省（区、市）的关系，解决流动人口问题，形成跨区域合作机制，整合现有专业机构，建立流动人口公共服务协调办公室。在北京市层面，实施国家城镇化发展战略，调整产业结构，确定未来流动人口转移的结构和方向，提供和改善基本公共服务；为流动人口提供公共服务项目，建立流动人口综合服务机构和宣传体系，提高一线工作人员的执行能力。横向建立专门的流动人口协调机构，可借鉴广东省依托各省（区、市）协调流动人口公共服务供给的做法。流入地与流出地政府可以在合作协议框架下，设立联合办公室，并指定常驻代表负责支持资金和人员安排。

在合作方式上，可以从信息平台对接与签订合作协议入手。第一，通过创建一个信息平台或交流网站来连接流入地政府和流出地政府，远程就业可以在网上实现，大大降低了流动人口的就业风险和就业成本。第二，流入地与流出地须签订互相承认、具有权威保障的合作协议。两地的劳动保障部门可以建立"跨区域突发事件处理协作制度"以提高对流动人口的公共服务质量；同时还可建立"劳动保障监察案件处理协查制度"，流动人口向流入地劳动部门投诉流入地用人单位，流出地劳动部门有义务向有管辖权的劳动部门移送劳动保障监察案件。但是，如果合作协议没有上级政府备案和执行保障，极容易受到地方政府"行政壁垒"的影响，因此，对合作协议进行上级备案和督察是合作机制运转的保障。

在合作领域上，可以积极拓展。目前流入地与流出地联动涉及的领域主要在就业服务、计生服务和法律援助三方面。在国家作出实施三孩生育政策及配套支持措施重大决策的鼓励下，未来计划生育服务将逐渐淡化，因此需要根据实际情况调整相关合作领域，如流入地与流出地人力资源和社会保障部门可以通过建设人力资源基地和劳务管理站给流动人口及时提供就业服务，北京市教育部门可以探索将子女教育及"候鸟"问题纳入合作协议中。流入地与流出地媒体可以建立新闻线索、就业岗位、职业培训等方面的信息交流，联合采访并同步报道流动人口维权事件，统一设立"流动人口"专栏。除了媒体外，党建部门也可以进行异地合作，共同为提高流动人口公共服务的质量作出应有的贡献[91]。

增加公共服务供给，强化北京市政府和各区政府的责任和监督力度，从解决人民群众最关心最直接最现实的利益问题入手。首先，政府应该加强社会保险机构建设，提高社会保险机构的共建能力和共享水平，强化服务能力，建成廉洁、高效的流动人口社会保险经办管理服务体系，更好地为流动人口群体提供社会保险服务。其次，政府应该强化与流动人口社会保障相关的法律法规的执行力，加大对流动人口的普法宣传力度，并进行全方位的法律援助，以增强流动人口的维权意识和维权能力。最后，政府应该加强对用人单位的监督力度，防止发生不法行为，劳动保障部门也要加强对企业工资支付的监督，建立流动人口工资支付监控，对于拖欠流动人口工资以及漏缴和不缴纳社会保险的企业，应该依法加强惩罚力度。

五、城市社会关系融入层面

（一）以社区为依托，促进流动人口的社会融合

依靠北京社区促进流动人口的社会融合，是促进社会管理创新、维护稳定与和谐的一条道路，也是实现人的全面发展和提高每个公民素质的重要途径。流动人口的社会融合是流动人口接受城市文明、由农民转变为市民的重要途径。这是一个让流动人口分享北京市发展成果、保持平等发展机会、提高北京包容性、促进基本服务平等以及提高社会管理和公共服务技能的过程，是我国为实现中华民族伟大复兴积累人力资本、全面提升劳动力素质的重要途径。

社区既是流动人口时间与空间、生产与生活的凝聚点，又是落实与传递相关社会政策的直接平台，想要有效改善流动人口社会关系，在社区内可以通过以下途径来实现。一要在社区建造外来人口"家园"，提倡混合居住，将公共住房区改造为各收入水平混合居住的社区，减少公共住房中低收入群体过度集聚的现状，促进居住融合，缓解社会矛盾，通过社区整合和"选择性邻里"的社会空间居住模式提高流动人口的人际适应能力。二要依托社区服务中心，实施多方面实践策略。专业化策略，即改善社区移民服务，发展具有针对性和实用性的社区项目，以调动社区居民与流动人口的参与积极性；组织化策略，即建立社会支持网络，协助发展社区流动人口组织，提供学习、参与的机会，提高个人与组织的能力，增加其社会资本；文化策略，即营造融入文化，在社区文化活动中开展社区教育与社会动员，增进理解与沟通，建立流动人口与市民的沟通渠道，促进资源共享、信息与经验交流。三要将流动人口纳入北京社区管理体系，拓展流动

人口参与社区事务的途径,保证他们对北京市重大活动和重大决策的知情权、参与权、建议权和监督权,营造公平的社会环境。四要充分利用群众组织的社会协同效应,推动社会管理模式转变。社会融合需要政府、企业和社会的充分参与,需要人们的理解、尊重、容忍和接受。有效落实社会合作、公众参与和政府治理的互补功能,逐步建立更多利益相关者参与的社会管理体系和模式,充分发挥群众组织和社会组织的作用,及时有效地减小流动人口与公众心理之间的差距,流动人口以互利的方式参与社会组织。鼓励流动人口参加公益性、互助性社会组织,培养社会融合工作志愿者,形成全社会、全方位推进社会融合的格局。五要构建全市社区流动人口社会融合服务平台。社区、政府和企业应促进社会资源和其他资源的有效整合,加强社区的自主性及其服务功能,扩大流动人口参与社区建设的渠道,丰富流动人口的文化生活,创造流动人口与市民交流互动的平台;加强社区工作网络和资金支持,为流动人口提供有效服务,使其更好地融入城市社区,与城市居民和谐相处。

(二) 加强舆论引导,营造和谐的社会氛围

和谐社会离不开和谐的舆论,舆论和谐是社会和谐的重要条件,舆论的和谐程度反映并影响着社会的和谐程度。特别是随着信息和通信技术的快速发展,公众舆论在国民生活中扮演着越来越重要的角色。广播电视应当为构建和谐社会提供强有力的舆论支持。

创造和谐的舆论环境,对正确理解舆论方向至关重要。在当今社会,广播电视等大众媒体已成为主要的舆论导向,使人们的情感和价值取向受到广泛影响;网络等新媒体已成为人们获取信息的重要渠道,国际国内正反两方面的经验教训都表明,正确的舆论导向是党和人民的福祉,错误的舆论导向则是党和人民的祸害。无论如何,广播电视宣传总是坚持团结、稳定,以宣传社会主义核心价值观为主,坚持正确的舆论导向。在经济社

会发生深刻变化、意识形态文化日益多样化的情况下，社会不可避免地会有一些杂音，关键是唱好主旋律，即整个社会的主流舆论要积极、和谐。

坚持正确导向，是各级各类媒体的共同责任。无论是传统媒体还是新媒体，都必须发表科学理论，传播先进文化，形成良好的社会氛围，促进社会的正常发展。互联网和新闻媒体必须利用它们的优势，各展所长，以不同的形式和手段突出主题，将促进国家繁荣、民族复兴、社会和谐和人民幸福的想法变成时代最响亮的声音。

一是运用多种方式，积极引导流动人口融入北京社会。通过宣传、教育和演出等方式，以流动人口喜闻乐见的形式宣扬社会的真善美，传播社会正能量，消除流动人口内心的自卑感，增强其在北京的安全感和适应能力，提高流动人口社会融入的意愿。二是媒体要积极培育、大力倡导公平观念，致力消除市民对流动人口的社会偏见。通过正面的社会舆论，积极传扬流动人口的先进事迹，推动本地市民对流动人口的理解和尊重，感激他们在发展北京经济、美化北京面貌、保证北京生活正常运转过程中作出贡献，从而推动流动人口更好、更快地融入北京生活。三是大众传媒要充分发挥正面的舆论宣传作用，以积极的态度影响北京市民对流动人口的看法，引导市民纠正偏见，在全社会形成良好的社会氛围，促使城市居民与流动人口之间的良性互动。

只有正确引导舆论，才能有效支持和谐社会建设。和谐的舆论环境是构建和谐社会的重要前提。如果不引导公众舆论，出现杂音，就会误导人们的思想和价值观，社会也难以和谐。

舆论导向是构建和谐社会的重要前提，是推进和谐社会建设的现实需要，也是构建和谐社会的重要组成部分。在现代社会，随着通过媒体获取和传播信息的速度不断加快，媒体已成为引导舆论的重要力量，它直接影响着社会大众的思想和行为，影响着经济、政治、文化和社会的运作。所以，构建和谐社会需要有力的舆论导向。

（三）完善社区管理体制，加强社区组织自治能力

流动人口具有以农村村民自治为基础的基本民主参与制度。然而，由于流动人口的长期流动性以及他们居住地的村民参与政治生活的自治性，其参与政治的效果非常有限。因此，提高流动人口的政治参与质量，必须依靠社区自治，有必要建立社区自治参与制度。尽管仍有许多机制需要改进，但社区通过民主选举和民主管理实现自治，是民主决策和民主控制的基本自治组织。流动人口要融入流入地的政治生活，只有通过基层民主才能得以实现，因此应以现有的流动人口信息化管理平台为基础，建立以社区自治为手段的政治参与制度，保障流动人口在流入地的政治参与。

北京的社区具有很强的行政性特征，不仅在经费和其他资源上依赖于基层政府，而且在社区事务管理上也主要接受基层政府的指派和安排。对此，首先，应将社区从繁杂的行政事务中摆脱出来，赋予社区自我治理权利，保证有限的社区工作者能够将时间和精力投入到社区的文化、教育、服务等具体领域，为社区的内在和谐作出更多贡献。其次，北京市政府的资金投入应以社区实际管理和服务的人口为标准。目前在全市社区的日常活动和事务管理中，市政府仍然是按照户籍人口分配拨付经费，使得社区的诸多活动难以将流动人口囊括在内。最后，整合多种组织的力量和资源。整合的过程中，特别需要关注流动人口的自生组织。流动人口自生组织与流动人口的联系最为密切，是流动人口生活在北京的重要支持系统。如果使社区管理与流动人口的自生组织关联，必然会极大地推动流动人口与社区的联系，促进流动人口群体在城市社会中的交往与融入。

（四）继续深化相关制度改革，突破身份壁垒

从根本上讲，当前流动人口与市民之间的交往障碍以及流动人口社会融入的困境，主要是由我国长久以来二元社会结构的特点及相应的体制特征所决定,特别是户籍状况、单位归属、职业种类等因素,迄今仍对个人的收入、权力、声望、福利保障待遇及其他社会机会产生深刻的影响。因此,在社会急剧转型的背景下,必须不断深化体制改革,着力加快完善户籍、土地、教育、就业、住房和社会福利保障等制度,逐步消除身份壁垒,为促进不同群际之间交往、加快社会融合提供坚实的制度支撑。打破原有的户籍、土地、教育、就业、住房和社会福利保障等制度,根据现实社会的实际需要,作出及时调整,从而突破身份壁垒,让流动人口感受到国家和社会的关怀,努力让流动人口转变为固定人口。

六、消除空间排斥层面

(一) 打破城乡二元体制,重构城市公正平等的制度空间

加快二元户籍制度改革,一方面,要重新确立户籍制度的基本功能。从理论上讲,户籍制度的基本职能只有两项,一是用来证明公民的身份,证明公民的权利和民事行为能力,以便于公民参与各类社会活动;二是为政府制定国民经济和社会发展规划以及劳动力资源的合理配置等提供人口数据及相关的基础性资料。另一方面,要剥离一切附加在户籍制度上的其他功能,改变非农业人口的福利待遇,改变政治、社会、经济和文化因素,例如,选举权、婚姻登记、社会保障、医疗住房、登记和就业。

要消除流动人口在社会空间层面的排斥,必须进一步改革现有的户籍制度,通过对户籍制度的改革,来切实保障流动人口社会权利的正常行使。户籍制度会影响流动人口融入城市,只有建立一个合理、有序和流动的户籍管理体制,才能消除地区差异,从而形成真正意义上的流动人口空间权利和空间地位平等。

在理解空间的政治性、工具性与制度安排之间逻辑联系的基础上,通过设计流动人口管理机制和城市户口准入机制等辅助制度,来完成城乡一体化。改变先赋性固化的户籍制度安排，不将户籍与身份、地位挂钩，而只是作为国家管理公民在流动空间中生活、工作的一种手段，从而破除基于户籍基础上的权利不等和地域对立，形成平等、平权、共享的制度空间。通过深化户籍制度改革，逐渐消除农业户籍与城镇户籍的人为差别，打破两者之间的身份限制，让流动人口拥有自由迁徙、定居的权利，改变流动人口身份转换与职业转换不同步的现象，取消与户籍制度相关的教育、医疗、社会保障等制度障碍，在制度上确认流动人口的平等地位，为流动人口政治参与提供与北京市民政治参与一致的保障。

（二）鼓励混合居住模式，加快流动人口融入城市空间

合理的、适度的混居不仅可以为居住在相同空间内的北京市民和流动人口提供相互了解、相互交往的机会，而且还有助于他们之间的消除空间排斥。一是按照"大混居、小聚居"的思路，将梯度混居和区域混居相结合促进流动人口与北京市民融合居住。一方面参照商圈的规划方法，在较大的区域空间上进行混居，使一定的区域内分布有不同的阶层，这样既避免了大面积区域同一阶层的聚居而形成空间隔离，同时可以给住在这一区域的人提供就近就业的机会，缓解低收入阶层的通勤成本和城市交通压力；另一方面，借鉴梯度混居模式，按照不同群体层级进行居住搭配，在同一个邻里单元内可以安排同一阶层居住，同一小区内可以安排相邻阶层居住，使得相邻空间里的阶层不要差距过大，避免明显的阶层对比和阶层冲突，实现平缓融合居住。二是完善混合社区的组织重建和有机体重构。以地缘、趣缘、事缘为纽带，创新社区组织形式，吸纳流动人口与市民共同参与。既保证社区居民的组织化，也增加流动人口与市民的接触与交往，再造混合社区新的有机体。可以充分发挥混合社区的地缘优势，建立社区居民基于趣缘和事缘的新型社区组织与团体。例如，老年人业余文化艺术团、社区居民互助服务站、社区休闲体育组织、社区志愿服务队、居民义工服务

队、社区居民理事会等组织、团体。

(三) 改造流动人口聚居区，提升居住空间和公共空间质量

针对流动人口居住地周边公共设施配套不足的现状，加强城中村、城乡接合部等"孤岛"区域的学校、医院、交通、文化娱乐等公共设施建设，缩小流动人口群体与市民生活条件的差距，为流动人口提供广泛社会交往和公共参与的机会和渠道。此外，公共设施改造过程中，要正确地认识流动人口对于北京的贡献，给予流动人口尤其是中低收入流动人口一定的发言权，将他们的利益纳入村、城乡接合部等改造的综合性工程之中。为此，北京市政府应调整财税体制，建立北京、地方、个人共同分担流动人口融入北京市的社会成本分摊机制，将北京市公共服务资源的配置延伸至承载居民日常生活实践的社区，拓展普惠式关怀，帮助和引导流动人口进入体现居住公平和正义的城市空间，实现全市基本公共服务从户籍人口向常住人口覆盖。在政策方面，市政府可以为流动人口搬迁安置提供一定的经济和政策照顾，可以通过降低公租房申请门槛等方式让政策向低收入的流动人口倾斜，维护他们在京生活的地位和利益。同时，流动人口也应主动参与社区的日常生活实践活动，通过解构旧我空间、重构新我空间的能动实践，实现基于社区空间的公平发展。

(四) 加强技能培训，更好地促进流动人口职业空间向上流动

随着我国教育水平的整体提高，外来人口融入北京社会生活的初始人力资本要求也在增加，而以工作经验、工作技能和工作能力形式体现的专业人力资本对外来人口融入北京的作用更加明显[92]。对此，首先，北京市政府应设立针对流动人口技能培训的相关管理，为流动人口提供更加专业和实用的技能培训，在职业技能资格考核和鉴定方面适当拓展范围，为外来人口免费提供更加专业的职业资格鉴定，使流动人口的工作技能取得用人单位的认可，从而有助于提高流动人口在劳动力市场中的竞争力，也可以促进流动人口在职业空间方面向上流动。其次，北京市应持续深化改革，对于劳动力市场的二元体制，进一步推进政府部门、事业单位、企业等就业单位向流动人口提供管理、专业技术等各种工作岗位，以此来减少北京市的流动人口与市民之间存在的职业空间隔离，促进北京市流动人口和居民之间的社会融合。最后，北京市政府应进一步争取为流动人口提供继续教育的平台和机会，提高流动人口的文化水平和技术水平，从而使他们在择业和就业中具有更强的竞争力。为此，各区政府应配合设立各种类型的培训设施，积极鼓励流动人口学习知识和技能，获得用人单位的认可，使流动人口在整体素质、科学文化水平、专业技能等方面进一步提高，促进流动人口在职业空间方面有所上升。

（五）重视流动人口社会认同，构建合理的社会阶层结构

流动人口是处于边缘身份地位的弱势群体，流动人口群体的本能退缩与市民内心拒绝的互动和合流，形成了社会排斥。构建健康合理的社会阶层结构，作为一种更深层意义上的空间融合，为流动人口争取与市民同等的身份认同，可以增加流动人口在北京市的归属感。社会融入的过程更多地体现为一种由结构融入到内核融入的动态过程，即流动人口从经济地位提升、就业空间扩大、消费模式转变等外在表现，逐步过渡到文化、价值、观念上对北京市的认可。构建流动人口对社会阶层认同的心理基础，从而淡化流动人口在心理空间的边界，这就需要通过群体互动过程中的认知、比较和自我否定，消除社会排斥，并通过流动人口和市民群体的互动，淡化群体边界，促进群体融合[92]。构建合理的社会阶层结构，更重要的是改变观念，从思想上使得流动人口获得平等对待，将其纳入北京市的统一管理和服务之中。流动人口通过继续教育和自身能力的提升，拥有足以在北京生活的素养和能力，这也会很大程度上增强流动人口对北京的认同感和归属感。利用流动人口在社会融合过程中的活动，通过宣传带动北京市的市民改变固有的认知,不断理解和接纳流动人口,以此形成新的社会认知体系,流动人口将成为一个新的社会阶层而不仅作为单个个体。推动流动人口与市民之间形成心理空间融合,达成心理共识,才能更好地相互尊重、相互适应,更有助于实现北京市社会生活中不同群体的并存与融合。

参考文献

[1] 鹿立. 中国人口的婚姻取向及其人口学意义——由第六次人口普查数据观察[J]. 山东女子学院学报, 2013 (6): 16-23, 35.

[2] 陈勇, 秦宏宇. 北京市流动人口的历史、现状与未来[J]. 北京政法职业学院学报, 2015 (3): 1-9.

[3] 方晓玲. 论城市流动人口的贫困文化[J]. 青年研究, 2004 (6): 1-7.

[4] 亚洲开发银行专家组. 中国城市贫困研究[R]. 中国人口信息网, 2004.

[5] DU Y, GREGORY R, MENG X. The impact of the guest-worker system on poverty and the well-being of migrant workers in urban China [M]// The Turning Point In China's Economic Development. Garnaut R, Song L. Canberra: Asia Pacific Press At the Australian National University, 2006.

[6] 苗苗. 我国城市流动人口的贫困问题和对策[J]. 统计与决策, 2006 (17): 41-42.

[7] 安民兵. 城市少数民族流动人口贫困与社会工作的赋权[J]. 贵州民族研究, 2014, 35 (2): 42-45.

[8] 韩嘉玲, 张妍. 流动人口的贫困问题: 一个多维的研究视角[J]. 贵州社会科学, 2011 (12): 58-63.

[9] 张晓颖, 冯贺霞, 王小林. 流动妇女多维贫困分析——基于北京市451名家政服务从业人员的调查[J]. 经济评论, 2016 (3): 95-107.

[10] 韩淑娟. 流动人口贫困问题的复杂性及其扶贫策略[J]. 贵州社会科学,

2018（2）：155-160.

[11] ROWNTREE B S. Poverty：A Study of the Town Life［M］. Bristol：Policy Press，2000.

[12] 杨洋，马骁. 流动人口与城市相对贫困的实证研究［J］. 贵州社会科学，2012（10）：125-128.

[13] 孙咏梅，傅成昱. 中国农民工多维物质贫困测度及精准扶贫策略研究［J］. 学习与探索，2016（7）：138-143.

[14] SEN A. Development as Freedom［M］. New York：Alfred A. Knopf, Inc.，1999.

[15] 林竹. 资本匮乏与阶层固化的循环累积——论城市农民工的贫困［J］. 技术经济与管理研究，2016（6）：103-107.

[16] 王琼，叶静怡. 进城务工人员健康状况、收入与超时劳动［J］. 中国农村经济，2016（2）：2-12，22.

[17] 张志胜，樊成. 新生代女性农民工权利的阙如问题［J］. 统计与决策，2007（5）：132-133.

[18] 孟庆涛. 权利的制度供给与民生实践——基于农民工群体权利贫困的分析［J］. 学术交流，2015（7）：101-106.

[19] 杨云峰. 农民工反精神贫困探析——以社会工作视角［J］. 社会科学战线，2007（5）：192-197.

[20] 孙咏梅. 中国农民工精神贫困识别及精准扶贫策略——基于建筑业的调查［J］. 社会科学辑刊，2016（2）：76-84.

[21] 袁方，史清华，卓建伟. 农民工福利贫困按功能性活动的变动分解：以上海为例［J］. 中国软科学，2014（7）：40-59.

[22] 孙咏梅. 我国农民工福利贫困测度及精准扶贫策略研究［J］. 当代经济研究，2016（5）：71-80，97.

[23] 金莲. 城镇农民工贫困程度的测度［J］. 中共贵州省委党校学报，2007（4）：52-54.

[24] 王美艳. 农民工的贫困状况与影响因素——兼与城市居民比较 [J]. 宏观经济研究, 2014 (9)：3-16, 26.

[25] ADB. Poverty profile of the People's Republic of China [R]. Asian Development Bank, 2004.

[26] ALKIRE S, Foster J. Counting and multidimensional poverty measurement [J]. Journal of Public Economics, 95 (7)：476-487.

[27] 王春超, 叶琴. 中国农民工多维贫困的演进——基于收入与教育维度的考察 [J]. 经济研究, 2014, 49 (12)：159-174.

[28] 孙咏梅, 田超伟. 首都城镇化进程中农民工的多维贫困——以建筑业为例 [J]. 政治经济学报, 2016, 6 (1)：151-183.

[29] 叶普万. 农民工贫困的演变路径与减贫战略研究 [J]. 学习与探索, 2013 (12)：111-116.

[30] 叶普万, 周明. 农民工贫困：一个基于托达罗模型的分析框架 [J] 管理世界, 2008 (9)：174-176.

[31] 高云虹. 中国城市贫困问题的制度成因 [J]. 经济问题探索, 2009 (6)：57-62.

[32] 王晓东. 赋权增能视角下农民工社会救助模式转型——呼和浩特市个案研究 [J]. 人口与发展, 2013, 19 (6)：52-57, 99.

[33] 黄平, 杜铭那克. 农民工反贫困：城市问题与政策导向 [M]. 北京：社会科学文献出版社, 2006.

[34] 周旭霞. 断层：新生代农民工市民化的经济架构——基于杭州新生代农民工的调研 [J]. 中国青年研究, 2011 (9)：67-71.

[35] 李怀玉. 新生代农民工贫困代际传承问题研究 [M]. 北京：社会科学文献出版社, 2014.

[36] 徐琴. 城市体制外贫困社群的生产与再生产 [J]. 江海学刊, 2006 (5)：118-123.

[37] 侯为民. 城镇化进程中农民工的多维贫困问题分析 [J]. 河北经贸大学学

报，2015，36（3）：99-105.

[38] 王朝明．城市化：农民工边缘性贫困的路径与治理分析［J］．社会科学研究，2005（3）：119-124.

[39] 国家统计局课题组．中国城镇居民贫困问题研究［J］．统计研究，1991（6）：12-18.

[40] 王德发，章伟君．城市居民家庭最低生活费用的测定及贫困率的计算［J］．统计研究，1991（2）：21-23.

[41] 马清裕，陈田，牛亚菲，等．北京城市贫困人口特征、成因及其解困对策［J］．地理研究，1999（4）：400-406.

[42] 苏勤，林炳耀，刘玉亭．面临新城市贫困我国城市发展与规划的对策研究［J］．人文地理，2003（5）：17-21.

[43] 陈果，顾朝林，吴缚龙．南京城市贫困空间调查与分析［J］．地理科学，2004（5）：542-549.

[44] 袁媛，薛德升，许学强．转型时期我国城市贫困研究述评［J］．人文地理，2006（1）：93-99.

[45] 杨冬民，党兴华．中国城市贫困问题研究综述与分析［J］．经济学动态，2010（7）：81-84.

[46] 洪朝辉．论中国城市社会权利的贫困［J］．社会学，2003（2）：116-125.

[47] 苏勤，林炳耀．我国新城市贫困问题研究进展［J］．中国软科学，2003（7）：19-25.

[48] 胡鞍钢，李春波．新世纪的新贫困：知识贫困［J］．中国社会科学，2001（3）：70-81，206.

[49] 阎文学．提倡科学的适度消费——访中国社科院财贸所所长杨圣明教授［J］．市场经济导报，1994（11）：9-10.

[50] 梁汉媚，方创琳．中国城市贫困人口动态变化与空间分异特征探讨［J］．经济地理，2011，31（10）：1 610-1 617.

[51] 刘林，龚新蜀，李翠锦．西北地区城镇居民贫困程度的测度与实证分析

[J]. 人口学刊, 2011 (6): 18-26.

[52] 李实, GUSTSFSSON B. The end of the 1980s: An estimation of the scaleand extent of poverty in China [J]. Social Sciences in China, 1998 (1): 5-16, 192.

[53] 王德文, 蔡昉. 收入转移对中国城市贫困与收入分配的影响 [J]. 开放导报, 2005 (6): 5-14, 1.

[54] GUSTAFSSON B, LI S, SATO H. Can a subjective poverty line be applied to China? assessing poverty among urban residents in 1999 [J]. Journal of International Development, 2004, 16: 1089-1107.

[55] MENG X, GREGORY R G, WANG Y. Poverty, inequality, and growth in urban China, 1986-2000 [J]. Journal of Comparative Economics, 2005, 33: 710-729.

[56] 路栓灵. 利用线性支出系统ELES测定贫困线——兼比较几种贫困线的测定方法 [J]. 统计与决策, 2006 (18): 25-28.

[57] 范晨辉, 薛东前, 罗正文. 转型期城市贫困演化空间模式研究 [J]. 经济地理, 2014, 34 (8): 8-14.

[58] 李实, KNIGHT J. 中国城市中的三种贫困类型 [J]. 经济研究, 2002 (10): 47-58.

[59] 梅建明, 秦颖. 中国城市贫困与反贫困问题研究述评 [J]. 中国人口科学, 2005 (1): 90-96, 98.

[60] 张丽荣, 刘玲. 我国城镇贫困之新特征及对策 [J]. 东岳论丛, 2011, 32 (10): 39-41.

[61] 马春辉. 中国城镇居民贫困化问题研究 [J]. 经济学家, 2005 (3): 75-82.

[62] 喻昊. 我国中部地区城市贫困人口的成因 [J]. 统计与决策, 2006 (14): 64-66.

[63] 高云虹. 中国城市贫困问题的制度成因 [J]. 经济问题探索, 2009 (6): 57-62.

[64] 苏勤，林炳耀，沈山. 转型期中等城市新城市贫困问题实证研究——以安徽省芜湖市为例 [J]. 经济地理，2003（5）：630-634.

[65] 余成跃. 转型期我国城市贫困与反贫困的对策探讨 [J]. 生产力研究，2009（14）：51-53，203.

[66] 李霞，韩保江. 我国城乡双重贫困的表现、原因与对策 [J]. 宁夏社会科学，2012（5）：53-59.

[67] 龚晓宽. 中国西部地区城市贫困与社会稳定问题探析 [J]. 四川大学学报（哲学社会科学版），2002（1）：5-11.

[68] 陈端计. 中国经济转型中城镇反贫困措施新探 [J]. 社会科学辑刊，2001（5）：73-77.

[69] 涂德志. 中国目前的城镇反贫困与第一供给的优化 [J]. 经济经纬，2004（4）：66-68.

[70] 王朝明，马文武. 中国城镇化进程中的贫困问题：按要素分解分析 [J]. 中国人口·资源与环境，2014，24（10）：94-103.

[71] 黄匡时. 改革开放30年北京流动人口政策回顾与展望 [J]. 北京规划建设，2008，121（5）：47-49.

[72] 王瑜，武继磊. 京津冀协同发展视角下北京流动人口管理政策综述分析 [J]. 人口与发展，2015，21（5）：34-46.

[73] 冯晓英. 改革开放以来北京市流动人口管理制度变迁评述 [J]. 北京社会科学，2008，97（5）：66-71.

[74] 薛枫. 北京市非户籍常住人口调控政策研究 [J]. 理论探索，2014（2）：102-103.

[75] 沈巍，刘慧丽. 北京市人口增长原因及其调控对策研究 [J]. 当代经济，2015，365（5）：6-10.

[76] 张梅珠. 后暂住证时代北京流动人口管理政策特点及评价 [J]. 北京社会科学，2013，126（4）：116-122.

[77] 黄匡时. 社会融合视野下的北京市流动人口政策研究 [D]. 北京：中共北京

市委党校，2009.

[78] 刘擎. 非首都功能疏解背景下北京人口调控政策研究 [D]. 北京：首都经济贸易大学，2017.

[79] 姜向群，郝帅. 北京市流动人口社会保障状况及其影响因素分析 [J]. 北京社会科学，2008，95（3）：68-73.

[80] 高鹏程. 危机学 [M]. 北京：社会科学文献出版社，2009：181-182.

[81] 姚亮. 现阶段中国社会风险的形式机理探析 [J]. 学习与实践，2011（8）：117-124.

[82] 何勤，李倩，汪昕宇. 新型城镇化背景下农民工就业歧视的社会风险预警研究 [J]. 人口与经济，2015（6）：84-95.

[83] 张艳华. 北京市第三产业的发展与流动人口就业研究 [J]. 现代经济信息，2010（1）：186-188.

[84] 任振宇. 中国流动人口政治参与研究 [D]. 成都：西南财经大学，2011.

[85] 周军，黄秋霞. 教育公平下的农村流动人口随迁子女义务教育问题成因及其改善探析 [J]. 教育与教学研究，2018，32（10）：55-59，125.

[86] 吴亚军. 浅析义务教育补偿制度 [J]. 新课程（教师），2010（8）：113-114.

[87] 蒲晓磊. 应强化流动人口子女教育协同机制 [N]. 法治日报，2016-03-12.

[88] 江振春. 美国最高法院在促进教育公平中的作用 [J]. 教育与教学研究，2017，31（12）：1-6.

[89] 周军. 铸牢中华民族共同体意识视域下民族地区流动人口随迁子女"三交"困境与出路 [J]. 中国民族教育，2022（10）：34-36.

[90] 廖璇. 江西省流入人口社会保险参保状况影响因素研究 [D]. 南昌：江西财经大学，2016.

[91] 于海燕，李靖. 着力提升流动人口公共服务的协同供给——以新型城镇化为视角 [J]. 理论探索，2017（1）：105-110.

[92] 曲颂，郭君平. 进城农民工城市融入的政策优化研究 [M]. 北京：中国商务出版社，2019.

附录1　北京市人民政府关于进一步做好为农民工服务工作的实施意见

京政发〔2016〕27号

各区人民政府，市政府各委、办、局，各市属机构：

为深入贯彻落实《国务院关于进一步做好为农民工服务工作的意见》（国发〔2014〕40号），进一步做好新形势下为农民工服务工作，切实解决农民工面临的突出问题，结合本市实际，提出如下实施意见。

一、总体要求

（一）指导思想。全面贯彻落实党的十八大和十八届三中、四中、五中全会精神，深入学习贯彻习近平总书记系列重要讲话和对北京工作的重要指示精神，认真落实中央城镇化工作会议、中央城市工作会议精神，牢固树立创新、协调、绿色、开放、共享的发展理念，牢牢把握首都城市战略定位，按照以人为本、公平对待、统筹兼顾、优化布局、城乡一体、改革创新、分类推进、逐步实施的基本原则，着力引导农民工稳定就业，着力维护农民工的劳动保障权益，着力推动农民工逐步平等享受城镇基本公共服务，着力促进农民工融入社会，为建设国际一流的和谐宜居之都提供有力支撑。

（二）总体目标。到2020年，在京农民工综合素质显著提高、劳动条件明显改善、工资基本无拖欠并稳定增长、依法参加社会保险。

二、着力引导农民工稳定就业

（三）加强农民工职业培训工作。加强对农民工职业培训的统筹管理，制定农民工培训综合计划，将农民工职业培训纳入本市职业技能培训体系。加大农民工职业培训资金投入，制定并落实相关补贴政策。充分发挥技工院校、职业院校以及工会、共青团、妇联等人民团体的作用，开展多渠道、多层次、多形式的农民工职业培训，建设一批农民工实训基地。鼓励行业协会、企业、社会培训机构组织开展农民工职业培训，引导农民工自主参加市场紧缺、产业急需职业（工种）的技能培训。（市人力社保局会同市教委、市科委、市财政局、市住房城乡建设委、市农委、市安全监管局、市总工会、团市委、市妇联负责）

（四）提升农民工公共就业服务水平。充分发挥本市各类人力资源服务机构作用，构建城乡均等、开放有序的公共就业服务体系，有针对性地为农民工提供政策咨询、职业指导、职业介绍等公共就业服务。加强与农民工输出地的劳务对接，探索建立跨地区的公共就业服务平台和劳务协作会商机制。组织开展农民工就业服务"春风行动""就业援助月"等活动。大力发展服务业特别是养老服务业、家庭服务业和中小微企业，促进广大农民工稳定就业，满足市民生活需求。（市人力社保局会同市发展改革委、市经济信息化委、市民政局、市财政局、市农委、市商务委、市地税局、市工商局、中国人民银行营业管理部、市总工会、团市委、市妇联负责）

三、着力维护农民工的劳动保障权益

（五）规范使用农民工的劳动用工管理。指导和督促用人单位与农民工依法签订并履行劳动合同，在务工流动性大、季节性强、时间短的农民工中推广使用简易劳动合同示范文本，重点提高中小微企业的劳动合同签订率和履行质量。依法规范劳务派遣用工行为，监督用工单位履行法定责任。

完善适应家政服务业特点的劳动用工政策和劳动标准，落实对家政服务业企业社会保险补贴等扶持政策，鼓励其开展员工制管理。在工程建设领域实行劳动用工实名制。（市人力社保局会同市住房城乡建设委、市工商局、市总工会负责）

（六）保障农民工工资报酬权益。强化用工企业的主体责任，落实企业对所招用农民工的工资支付全面负责制度，完善建筑业企业工资保证金制度，在其他容易发生欠薪的行业积极推行工资保证金制度。加强劳动保障监察执法与刑事司法的衔接联动，依法打击恶意欠薪行为。在经济发展基础上合理调整最低工资标准，推动农民工参与工资集体协商，促进农民工工资水平合理增长。（市人力社保局会同市公安局、市住房城乡建设委、市商务委、市高级人民法院、中国人民银行营业管理部、市总工会负责）

（七）扩大农民工参加城镇职工社会保险覆盖面。依法将与用人单位建立稳定劳动关系的农民工纳入本市城镇职工基本养老保险、基本医疗保险、生育保险和工伤保险。完善社会保险关系转移接续政策。对劳务派遣单位或用工单位侵害被派遣农民工社会保险权益的，依法追究连带责任。研究完善农民工与城镇职工平等参加失业保险有关政策。整合各项社会保险经办管理资源，完善城乡一体、多险统一的经办服务体系，优化经办服务流程，增强对农民工的社会保险服务能力。（市人力社保局会同市财政局、市卫生计生委、市总工会负责）

（八）加强农民工安全生产和职业健康保护。强化企业安全生产和职业病防治主体责任，严格执行国家劳动安全卫生保护标准，加大安全生产投入，强化安全生产和职业卫生教育培训，提供符合国家规定的劳动安全卫生条件和劳动保护用品，对接触职业危害的农民工开展职业健康检查、建立监护档案。加强劳动安全卫生执法监督，督促企业健全并落实劳动安全卫生责任制。严格执行企业安全生产许可证审核、特殊工种持证上岗等制度。建立重点职业病监测哨点，完善职业病诊断、鉴定、治疗的法规、标准和机构。加大农民工职业病防治和帮扶力度，保障符合条件的无法追溯用人单位及用人单位无法承担相应责任的农民工职业病患者享受相应的生活和医疗待遇。加强女工特殊劳动保护。深入开展"安康杯"竞赛活动，提高企业预防和减少安全生产事故和职业病危害的意识。（市安全监管局、市卫生计生委会同市教委、市公安局、市民政局、市人力社保局、市住房城乡建设委、市交通委、市国资委、市总工会、市妇联负责）

（九）畅通农民工维权渠道。全面推进劳动保障监察网格化、网络化管理，加强用人单位用工守法诚信管理，完善劳动保障违法行为排查预警、快速处置机制，健全举报投诉制度，依法查处用人单位侵害农民工权益的违法违规行为。按照"鼓励和解、强化调解、依法仲裁、衔接诉讼"的要求，及时公正处理涉及农民工的劳动争议。畅通农民工劳动争议仲裁"绿色通道"，简化受理立案程序，提高仲裁效率。充分发挥劳动争议"六方联动"机制作用，协调解决好涉及农民工的重大集体劳动争议。加强劳动保障监察机构、劳动人事争议仲裁院和基层劳动争议调解组织建设，完善服务设施，增强维护农民工权益的能力。健全基层法律援助和法律服务工作网络，加大法律援助工作力度，简化法律援助申请受理审查程序，使符合条件的农民工及时便捷地获得法律援助。畅通法律服务热线，加大普法力度，不断提高农民工及用人单位的法治意识和法律素质，引导农民工合法理性维权。（市人力社保局会同市公安局、市司法局、市国资委、市高级人民法院、中国人民银行营业管理部、市总工会负责）

四、着力推动农民工逐步平等享受城镇基本公共服务

（十）切实保障农民工随迁子女平等接受义务教育的权利。将农民工随迁子女教育纳入本市教育发展规划，合理规划学校布局，科学核定公办学校教师编制，保障符合条件的农民工随迁子女平等接受义务教育权利。在坚持以公办学校为主接收农民工随迁子女就学的基础上，可采取政府购买服务等方式保障农民工随迁子女在依法举办的民办学校接受义务教育。进一步加大经费投入，按照公办学校农民工随迁子女实际在校人数核拨公用经费，并对接收农民工随迁子女的民办义务教育学校给予适当补助。在义务教育阶段实行农民工随迁子女与本市户籍学生混合编班，在接受教育、参加各类活动、评优选先及奖励等方面，与本市户籍学生享受同等待遇。（市教委会同市公安局、市财政局、市人力社保局、团市委负责）

（十一）加强农民工医疗卫生和计划生育服务工作。保障农民工适龄随迁子女平等享受计划免疫的预防接种服务。加强农民工聚居地的疾病监测、疫情处置和突发公共卫生事件应对，强化农民工健康教育、妇幼保健和精神卫生工作。加强农民工艾滋病、结核病等重大疾病防治工作，落实"四免一关怀"等相关政策。完善社区卫生计生服务网络，将农民工纳入服务范围。开展流动人口卫生计生动态监测和"关怀关爱"活动。（市卫生计生委会同市民政局、市财政局、市妇联负责）

（十二）逐步改善农民工居住条件。统筹规划城镇常住人口规模和建设用地面积，将解决农民工住房问题纳入住房发展规划。加强城中村、棚户区综合管理和环境整治。督促和指导建设施工企业改善农民工住宿条件，允许农民工数量较多的企业在符合规划和规定标准的用地规模范围内，利用企业办公及生活服务设施用地建设农民工集体宿舍。农民工集中的开发区、产业园区可以按照集约用地的原则，集中建设宿舍型或单元型小户型公共租赁住房，面向用人单位或农民工出租。逐步将在城镇稳定就业的农民工纳入住房公积金制度实施范围。（市人力社保局会同市住房城乡建设委、市公安局、市财政局、市规划委、市地税局负责）

五、着力促进农民工融入社会

（十三）保障农民工依法享有民主政治权利。重视从农民工中发展党员,加强农民工中的党组织建设,健全城乡一体、输入地党组织为主、输出地党组织配合的农民工党员教育管理服务工作制度。积极推荐优秀农民工作为各级党代会代表、人大代表、政协委员,在评选劳动模范、先进工作者等方面农民工与城镇职工同等对待。支持农民工在职工代表大会和社区居民委员会、村民委员会等组织中依法行使民主权利。(市人力社保局、市民政局会同市国资委、市总工会负责)

(十四)丰富农民工精神文化生活。把农民工纳入城市公共文化服务体系,继续推动图书馆、文化馆等公共文化服务设施向农民工同等免费开放。利用社区文化活动室、公园、城市广场等场地,经常性地开展群众文体活动,促进农民工与市民之间交往、交流。举办示范性农民工文化活动。鼓励企业开展面向农民工的公益性文化活动,鼓励文化单位、文艺工作者和其他社会力量为农民工提供免费或优惠的文化产品和服务。(市文化局会同市社会办、市总工会、团市委、市妇联负责)

(十五)加强对农民工的人文关怀。关心农民工工作、生活和思想状况,加强思想政治工作和科普宣传教育,引导农民工树立社会主义核心价值观。开展"人文关怀进企业、进一线"活动。通过在学校、社区开办农民工夜校等方式开展农民工素质培训,培养农民工诚实劳动、爱岗敬业的作风和文明、健康的生活方式。努力推进农民工本人融入企业、子女融入学校、家庭融入社区、群体融入城镇。(市人力社保局、市委宣传部会同市教委、市科委、市民政局、市卫生计生委、市司法局、市总工会、团市委、市妇联负责)

六、进一步加强对农民工工作的组织领导

(十六)完善农民工工作协调机制。市、区两级政府成立农民工工作领导小组,加强对农民工工作的统筹协调和工作指导。各区政府要把农民工工作列入本行政区经济社会发展规划和政府绩效考评体系,健全考核评估

机制，层层落实工作责任。（市人力社保局会同市编办、各区人民政府负责）

（十七）加大农民工公共服务等经费投入。市、区财政部门要按照推进基本公共服务均等化的要求，统筹考虑农民工就业培训、社会保障、公共卫生、计划生育、随迁子女教育、住房保障、公共文化等基本公共服务的资金需求，加大投入力度，为农民工逐步平等享受基本公共服务提供经费保障；要将农民工工作经费纳入公共财政预算支出范围。（市财政局、市人力社保局会同市发展改革委、市教委、市民政局、市住房城乡建设委、市卫生计生委、市文化局负责）

（十八）创新和加强工青妇组织对农民工的各项服务。认真贯彻《北京市实施〈中华人民共和国工会法〉办法》有关规定，创新工会组织形式和农民工入会方式，进一步做好相关服务工作，将农民工组织到工会中来。以输入地团组织为主、输出地团组织配合，逐步建立农民工团员服务和管理工作制度，积极从新生代农民工中发展团员。各级工会、共青团、妇联组织要切实履行维护农民工权益的职责，通过开展志愿者活动等方式关心关爱农民工及其子女，努力为农民工提供服务。（市社会办、市总工会、团市委、市妇联分别负责）

（十九）发挥社会组织服务农民工的积极作用。按照培育发展和管理监督并重的原则，对为农民工服务的社会组织正确引导、给予支持，充分发挥他们为农民工提供服务、反映诉求、协同社会管理、促进社会融合的积极作用。在农民工职业技能培训、权益保护、医疗卫生服务等方面，加大政府购买服务力度，引导和支持社会组织依法开展为农民工服务活动。（市民政局会同市教委、市公安局、市司法局、市财政局、市人力社保局、市文化局、市卫生计生委、市工商局、市总工会负责）

（二十）夯实做好农民工工作的基础性工作。加强农民工就业状况和基本信息调查、监测工作，依托市常住人口和实有人口信息管理平台，促进各有关部门信息共享，加强对农民工数量、结构、产业和行业分布等情况的分析研究，为做好农民工工作提供有力支撑。（市人力社保局会同市统计局、国家统计局北京调查总队、市公安局负责）

（二十一）营造关心农民工的良好社会氛围。坚持正确舆论导向，积极宣传农民工工作典型经验、农民工优秀事迹以及农民工在本市经济社会发展中的重要作用，加强政策解读，引导社会各界开展多种形式的关心帮助农民工公益活动，努力使尊重农民工、公平对待农民工、让农民工共享经济社会发展成果成为全社会的自觉行动。（市人力社保局、市委宣传部会同市有关单位）

各区政府、市有关部门要按照本意见，结合实际制定和完善配套政策措施，积极研究解决工作中遇到的新问题。市人力社保局要针对重点工作和突出问题进行督查，及时向市政府报告农民工工作情况。

北京市人民政府
2016 年 7 月 13 日

附录2 北京市人民政府关于健全完善保障农民工工资支付制度机制建设的意见

京政发〔2020〕26号

各区人民政府,市政府各委、办、局,各市属机构:

为深入贯彻落实习近平总书记关于根治欠薪问题的重要指示批示精神,全面贯彻实施《保障农民工工资支付条例》,进一步加强保障农民工工资支付制度机制建设,切实做好根治拖欠农民工工资工作,结合本市实际,提出如下意见。

一、总体思路

坚持以习近平新时代中国特色社会主义思想为指导,充分认识保障农民工工资支付工作的重要性,高位统筹、持续有力推进根治欠薪工作。坚持系统治理、依法治理、综合治理、源头治理,坚持首都意识、首善标准和首创精神,坚持问题导向、目标导向、结果导向,加大依法治欠力度,建立市场主体负责、政府依法监管、社会协同监督、科学规范高效的治理体系,形成制度健全、责任明确、标本兼治、惩防并举的治理格局,切实提升治理能力。重点在工程建设领域推动实施"全流程管理、全环节管控、全周期联动"管理模式,明确目标任务职责分工,形成属地部门整体合力,健全常态长效机制,从"接诉即办"向"主动治理、未诉先办"

延伸，保障农民工劳动报酬权益，维护社会公平正义和劳动关系和谐稳定。

二、健全保障农民工工资支付制度

（一）劳动合同制度。用人单位应当严格遵守劳动法律法规，遵循合法、公平、平等、协商一致和诚实守信的原则，与招用的农民工订立劳动合同，明确工资支付标准、支付时间、支付周期、支付方式等内容。用人单位应当将劳动合同至少保存两年备查。

（二）工资支付制度。用人单位应按时足额支付工资。实行月、周、日、小时工资制的，按照月、周、日、小时为周期支付工资；实行计件工资制的，工资支付周期由双方依法约定，且不得超过1个月。用人单位应当按照与农民工书面约定或依法制定的规章制度规定的工资支付周期和具体支付日期支付工资，并依法向农民工提供工资清单，不得以实物或者有价证券等其他形式替代农民工工资。

（三）工资清偿制度。用人单位拖欠农民工工资的，应当依法予以清偿。要明确工资清偿主体，依照相关法律规定，厘清主体责任。不具备合法经营资格的单位招用农民工，农民工已经付出劳动而未获得工资的，由该单位或者其出资人清偿。用工单位使用个人、不具备合法经营资格的单位或者未依法取得劳务派遣许可证的单位派遣的农民工，拖欠农民工工资的，由用工单位清偿，并可以依法进行追偿。用人单位将工作任务发包给个人或者不具备合法经营资格的单位，导致拖欠所招用农民工工资的，由发包方和承包方依法承担赔偿责任。

（四）工程款支付担保制度。建设单位应当向施工单位提供工程款支付担保。支持银行业金融机构、工程担保公司、保险机构作为工程担保保证人，开展工程担保业务。建设单位不能按合同约定支付工程款时，工程担保保证人应当按照担保合同代为支付。相关部门要加强对工程担保保证人

（五）实名制管理制度。用人单位实行农民工劳动用工实名制管理。施工总承包单位或者分包单位应当依法与所招用的农民工订立劳动合同并进行用工实名登记。施工总承包单位应当在工程项目部配备劳资专管员，对分包单位劳动用工实施监督管理，分包单位应当予以配合。监理单位应将农民工实名制管理纳入监管范围，督促施工总承包单位落实实名制管理相关要求，并将相关情况每月纳入监理月报内容。

（六）农民工工资专用账户制度。施工总承包单位应在开工前按工程项目开设农民工工资专用账户，施工总承包单位在项目所在地有 2 个及以上工程建设项目的，可开设新的专用账户，也可在符合监管要求的情况下，在原专用账户下按项目进行管理。建设单位应当严格落实人工费用与其他工程款分账管理制度，按照合同约定和洽商变更确认的数额，按月将人工费足额拨付至农民工工资专用账户中。建设单位不得因争议不按照规定拨付工程款中的人工费用。出现未按约定拨付人工费用等情况的，开户金融机构应当及时通知施工总承包单位，施工总承包单位应当在接到通知后 3 个工作日内报告项目所在地人力资源社会保障部门和相关行业工程建设主管部门，并纳入欠薪预警系统。工程项目建设过程中因不可抗力等情况出现停工且无须支付工资的，经施工总承包单位同意，建设单位可暂停拨付人工费用，并将相关情况通报开户金融机构。复工后建设单位应当恢复拨付人工费用。

（七）总包代发工资制度。为规范工资发放行为，分包单位应委托施工总承包单位代发农民工工资，每月将经过农民工本人签字确认的工资支付表交施工总承包单位，由施工总承包单位通过农民工工资专用账户，直接将工资支付到农民工本人社会保障卡或者银行卡。施工总承包单位与分包单位因工程数量、质量、造价等产生争议的，施工总承包单位不得因争议不按照规定代发工资。

（八）工资保证金制度。实行全市统一的农民工工资保证金制度，施工总承包单位应当按照有关规定在银行存储工资保证金，专项用于支付为所承包工程提供劳动的农民工被拖欠的工资。工资保证金实行差异化管理，对一定时期内未发生工资拖欠的单位实行减免措施，对已发生工资拖欠的单位视情形提高缴存比例。除法律另有规定外，工资保证金不得因支付农民工工资之外的原因被查封、冻结或者划拨。施工总承包单位可选择以金融机构保函替代现金存储工资保证金。

（九）维权信息公示制度。为方便工程建设领域的农民工及时依法维权，全市施工项目建立统一的维权信息告示牌，施工总承包单位应在施工驻地办公区的主要出入口、农民工集中生活区等施工现场醒目位置设立维权信息告示牌，明示建设项目基本情况、项目所在地最低工资标准、农民工的权益救济渠道等基本信息，并将收集确认的农民工工资支付表予以公示。

三、完善保障农民工工资支付机制

（一）预测预警机制。健全完善预警监测系统，实现相关行业工程建设主管部门、公安、市场监管、金融监管、税务、水电供应等部门涉及的用人单位资质、在施项目信息、农民工招用、工资支付、经营运行情况等数据与全市预警监测系统实时动态对接，实现数据共享共用。坚持分类监管、重点监控的原则，设置欠薪分级动态预警指标，对预警发现的欠薪隐患进行重点排查，推动实现"云上预警、移动执法、互联指挥、智慧监察"劳动保障监察信息化管理建设目标。落实"接诉即办"首都基层治理改革创新部署，实现电话、网络、媒体等全渠道受理欠薪诉求，实现各种欠薪线索案件来源与预警监测系统紧密衔接，优化办理流程，加大督办反馈力度，提升12345市民服务热线欠薪诉求派单办理质效，形成闻风而动、快速响应的为民服务长效机制，推动"接诉即办"向"主动治理、未诉先办"延伸。

（二）研判会商机制。人力资源社会保障部门应发挥牵头作用，及时收集情况，就根治欠薪形势任务、相关政策措施、阶段性重点工作、极端或群体性讨薪突发事件应急处置等内容进行综合分析研判，组织相关部门会商提出落实意见或应对措施。相关部门按照职责分工，对会商机制议定事项做好贯彻落实，并将情况及时反馈人力资源社会保障部门。

（三）联防联控机制。人力资源社会保障部门、相关行业工程建设主管部门和其他有关部门应当加强沟通协调，共同做好对保障农民工工资支付制度落实情况的监督管理工作。人力资源社会保障部门在查处拖欠农民工工资案件时，需要依法查询相关单位金融账户和相关当事人拥有房产、车辆等情况的，有关金融机构和登记部门应当按照相关规定予以配合。发现拖欠农民工工资的违法行为涉嫌构成拒不支付劳动报酬罪的，应当按照相关移送程序及时移送公安机关依法审查。发生用人单位拒不配合调查、清偿责任主体及相关当事人无法联系等情形的，公安机关和其他有关部门要积极协助处理。

（四）应急处置机制。完善应急预案，设立事件等级指标，明确部门职责及处置流程。按照"属地管理、分级负责"的原则，发生极端或群体性讨薪突发事件，人力资源社会保障部门应立即响应、协调处置，相关行业工程建设主管部门和发展改革、财政、国有资产监督管理、公安等部门应及时响应、共赴现场，并配合人力资源社会保障部门对涉事企业负责人进行联合约谈，督促其妥善处理欠薪问题，做好现场稳控和矛盾化解工作。对发生农民工工资保证金不足、企业负责人逃匿等情况的，可以动用应急保障金，先行垫付农民工部分工资或者基本生活费。司法行政部门和法律援助机构要将农民工列为法律援助的重点对象，依法提供便捷的法律援助。

对采取非法手段讨薪或以讨薪为由讨要工程款、劳务费、承包费等，构成违反治安管理行为的，要依法予以治安处罚；涉嫌犯罪的，依法移送司法机关追究刑事责任。

（五）诚信评价机制。建立健全用人单位支付农民工工资诚信等级评价标准，完善评价制度、细化评价指标，将劳动用工、工资支付等情况作为诚信评价的重要依据。认真落实重大违法行为公布和拖欠农民工工资"黑名单"制度，定期向社会公开有关信息。完善北京市公共信用信息服务平台和信用北京网站功能，持续开展嵌入式无缝对接，将信用信息查询、使用、反馈等功能嵌入各部门行政审批和日常监管工作流程。

（六）激励惩戒机制。建立健全对用人单位表现优秀及行为失信的联合激励惩戒机制。由相关部门在各领域依法依规设定列入标准，通过激励机制发挥优秀用人单位模范带头作用，结合双随机抽查和预警排查等工作，对诚信等级评价较好的用人单位减少抽查、检查频次。用人单位因拖欠农民工工资引发极端或群体性讨薪突发事件，造成恶劣社会影响的，由人力资源社会保障部门依照相关法律法规和规章的规定作出行政处理或行政处罚，相关行业工程建设主管部门依据联合惩戒机制依法实施联合惩戒。

（七）区域协同机制。加强跨区域联动，健全执法联合、纠纷联调、信息联网、整治联动、维稳联控的区域协同机制，实现保障农民工工资支付案件受案办理无缝衔接。对于举报投诉的处理实行首问负责制。不属于本部门受理的，应当及时转送相关部门处理。涉及本市跨区域或多区同发拖欠农民工工资案件的，要依托全市联动举报投诉管理网络实现"一点举报投诉、全市联动处理"。涉及京津冀拖欠农民工工资案件的，要深化案件办理协作机制，加强异地经营用工情况监管信息共享，实现京津冀保障农民工工资支付工作协同联动。

四、落实保障农民工工资支付责任

（一）压实部门监管责任。强化市根治拖欠农民工工资工作协调小组对保障农民工工资支付工作的组织领导，加强对区级政府保障农民工工资支付工作绩效考核。人力资源社会保障部门要切实负起牵头责任，加大统筹抓总和协调督促力度。协调小组各成员单位要强化责任落实，加强协调配合，形成治理拖欠农民工工资问题的整体合力。健全和落实问责制度，对因领导责任不落实、部门监管责任不履行、相关工作不到位等导致政府投资项目和国有企业投资项目拖欠农民工工资的，根据情节轻重和影响程度，依法追究责任并给予严肃处理。

（二）严格落实属地责任。各区政府要健全保障农民工工资支付工作组织领导机构，督促各部门依法依规履行职责。乡镇政府、街道办事处要加强对违法工程欠薪隐患及拖欠农民工工资矛盾的排查调处，防范化解矛盾纠纷。加强基层劳动保障监察执法队伍和执法能力建设，提升欠薪处置能力和监管效率。强化督促指导和督查督办，把制度执行力和治理能力作为干部考核的重要依据，对拖欠农民工工资问题高发频发、举报投诉量大的区及重大违法案件进行重点督查，发现问题及时处理。

（三）强化企业主体责任。用人单位要承担工资支付主体责任，严格劳动用工管理，落实劳动保障法律法规及相关制度。严禁将工资发放给不具备用工主体资格的组织和个人。在工程建设领域，施工总承包单位对所承包工程项目的农民工工资支付负总责，对分包单位劳动用工和工资发放等情况进行监督；分包单位对所招用农民工工资支付负直接责任。

（四）强化社会监督责任。充分发挥工会等组织对用人单位落实农民工工资权益以及工资支付情况的监督作用，加强社会组织与政府部门的协同配合。充分利用新闻媒体对贯彻落实保障农民工工资支付法律法规政策的舆论监督作用，适时曝光严重拖欠工资违法案件信息，引导用人单位增强依法用工、按时足额支付工资的法律意识，共同营造保障农民工工资支付的良好社会氛围。

北京市人民政府

2020 年 12 月 23 日

附录3 北京市人力资源和社会保障局等部门关于印发《北京市工程建设领域农民工工资保证金实施办法》的通知

京人社监发〔2021〕36号

各区人力资源和社会保障局、住房和城乡建设委员会、交通委员会、水务局、园林绿化局，北京经济技术开发区社会事业局、建设局：

为贯彻落实《保障农民工工资支付条例》（国务院令第724号）、《关于印发工程建设领域农民工工资保证金规定的通知》（人社部发〔2021〕65号）、《北京市人民政府关于健全完善保障农民工工资支付制度机制建设的意见》（京政发〔2020〕26号）等有关法规文件规定，规范工程建设领域农民工工资保证金管理制度，依法保护农民工工资权益，结合我市实际，经研究决定，制定《北京市工程建设领域农民工工资保证金实施办法》。现印发给你们，请认真遵照执行。

北京市人力资源和社会保障局
北京市住房和城乡建设委员会
北京市交通委员会
北京市水务局
北京市园林绿化局
中国银行保险监督管理委员会北京监管局
2021年9月5日

北京市工程建设领域农民工工资保证金实施办法

第一条 为根治拖欠农民工工资问题，充分发挥农民工工资保证金在解决拖欠农民工工资问题中的重要作用，优化营商环境，根据《保障农民工工资支付条例》（国务院令第724号）、《北京市人民政府关于健全完善保障农民工工资支付制度机制建设的意见》（京政发〔2020〕26号）《关于印发工程建设领域农民工工资保证金规定的通知》（人社部发〔2021〕65号）等有关法规文件规定，结合本市实际情况，制定本办法。

第二条 本办法所指农民工工资保证金（以下简称工资保证金），是指工程建设领域施工总承包企业（包括直接承包建设单位发包工程的专业承包企业）在银行设立账户并按照工程施工合同额的一定比例存储，专项用于支付为所承包工程提供劳动的农民工被拖欠工资的专项资金。

第三条 本市工程建设领域施工总承包企业应当以工程项目为单位办理工资保证金。工资保证金可以采用在银行设立工资保证金专用账户存储的方式，也可以用银行类金融机构出具的银行保函（附件1）或工程担保公司保函、工程保证保险替代。

施工总承包企业采用以银行保函或工程担保公司保函、工程保证保险替代现金存储工资保证金的，保函担保金额或保险金额不得低于按现金方式存储工资保证金的数额。

第四条 本办法适用于工程建设领域以下在建工程项目：

（一）所有需依法办理施工许可证或批准开工报告的在建工程项目；

（二）依法不需要办理施工许可证或批准开工报告但工程施工合同额（或年度合同额）在300万元以上的在建工程项目。

第五条 工资保证金按工程施工合同额（或年度合同额）的比例存储，

并按照以下情况进行区分：

（一）合同额在1亿元以上的，工资保证金存储比例为1%，存储金额不超过120万元；

（二）合同额在3 000万元至1亿元的，工资保证金存储比例为1.5%，存储金额不超过80万元；

（三）合同额在1 000万元至3 000万元的，工资保证金存储比例为2%，存储金额不超过40万元；

（四）合同额在1 000万元以下的，工资保证金存储比例为3%，存储金额不超过20万元。

施工总承包企业在工程项目所在地的区有两个以上在建工程项目，存储比例按以上合同额区间分别下浮0.5%，并且存储金额不超过每个区间的最高限数额。

第六条 施工总承包企业应当自工程项目取得施工许可证（开工报告批复）或监理工程师签发开工令之日起20个工作日内（依法不需要办理施工许可证或批准开工报告的工程项目自签订施工合同之日起20个工作日内），持营业执照副本、与建设单位签订的工程施工合同在经办银行开立工资保证金专用账户，存储工资保证金。

第七条 施工总承包企业采用保函或保险形式替代现金存储工资保证金的，应提供在其工程项目施工期内有效的保函或保险。保函或保险的有效期至少为一年并不得短于合同期。

第八条 工资保证金实行差异化管理。施工总承包企业存储工资保证金或提交保函、保险后，在工资保证金管理所在区连续2年未发生拖欠工资行为的，对其新增工程降低50%的存储比例。对连续3年未发生拖欠工资行为且按照行业工程建设主管部门要求落实用工实名制管理的，对其新增工程可免于存储工资保证金。

施工总承包企业存储工资保证金或提交保函、保险前2年内在工资保证金管理所在区发生过拖欠农民工工资行为的,工资保证金存储比例提高50%;因拖欠农民工工资被纳入"严重失信主体名单"的,工资保证金存储比例提高100%。

第九条 按照工资保证金差异化管理制度,符合可降低存储比例和免于存储工资保证金情形的施工总承包企业,工程项目所在地的区人力资源社会保障部门应通过官方网站等途径公布企业名单。符合提高工资保证金存储比例情形的施工总承包企业,由工程项目所在地的区人力资源社会保障部门向企业发出《提高农民工工资保证金存储比例通知书》(附件2),要求企业在规定时间内提高工资保证金存储比例并办理备案。

第十条 按照本办法第八条可降低存储比例和免于存储工资保证金的施工总承包企业的工程项目发生拖欠农民工工资问题,情节严重、造成不良社会影响的,应当按照工资保证金差异化管理制度规定的标准重新办理工资保证金。

第十一条 工资保证金原则上由工程项目所在地的区人力资源社会保障部门具体管理。实施具体管理的区人力资源社会保障部门要督促企业及时存储工资保证金,建立工资保证金管理台账。管理台账应包含工资保证金备案、撤销的相关信息。

第十二条 开立工资保证金专用账户存储工资保证金的施工总承包企业应与经办银行签订《农民工工资保证金存款协议书》(附件3),并将协议书副本交工程项目所在地的区人力资源社会保障部门备案。

以保函、保险替代现金存储工资保证金的施工总承包企业,应将保函、保险合同正本交工程项目所在地的区人力资源社会保障部门保存。

第十三条 施工总承包企业所承包的工程项目发生拖欠农民工工资的,经区级或以上人力资源社会保障部门依法作出责令限期清偿或先行清偿的行政处理决定，施工总承包企业到期拒不履行的，区级或以上人力资源社会保障部门可动用工资保证金，出具《农民工工资保证金支付通知书》（以下简称《支付通知书》，附件4），书面通知施工总承包企业和经办银行、担保公司、保险机构。《支付通知书》应附《使用农民工工资保证金代为支付农民工工资表》（附件5）。

经办银行应在收到《支付通知书》5个工作日内，从工资保证金账户中将相应数额的款项以银行转账方式支付给人力资源社会保障部门指定的被拖欠工资农民工本人。

开具保函、保险的银行、担保公司、保险机构应在收到《支付通知书》后5个工作日内，按照保函、保险合同中的约定履行担保责任。

第十四条 工资保证金使用后，施工总承包企业应当自使用之日起10个工作日内将工资保证金补足。

施工总承包企业采用保函或保险形式替代现金存储工资保证金发生前款情形的，施工总承包企业应在10个工作日内提供与原保函相同担保范围和金额的新保函，或与原保险相同保险责任范围和金额的新保险。施工总承包企业开立新保函或保险后，原保函或保险合同即行失效。

第十五条 工资保证金对应的工程项目完工或解除合同的，施工总承包企业书面承诺该工程项目不存在未解决的拖欠农民工工资问题，并在施工现场维权信息告示牌公示20个工作日后，可以申请注销工资保证金专用账户（返还工资保证金或银行保函正本）。

施工总承包企业应持《取得农民工工资保证金返还（销户）确认书所需材料》（附件6）所列明的材料，到工程项目所在地的区人力资源社会保障部门领取《农民工工资保证金返还（销户）确认书》（以下简称《返还确认书》，附件7）。工程项目所在地的区人力资源社会保障部门收到施工总承包企业申请注销工资保证金专用账户的书面申请后5个工作日内对申请资料完成审核，符合规定的，在审核完毕3个工作日内出具《返还确认书》。

选择使用保函、保险替代现金存储工资保证金并符合本条第一款规定的，工程项目所在地的区人力资源社会保障部门自施工总承包企业提交书面申请5个工作日内审核完毕，并在审核完毕3个工作日内返还保函、保险合同正本。

经办银行收到《返还确认书》后，工资保证金账户解除监管，相应款项不再属于工资保证金，施工总承包企业可自由支配账户资金或办理账户销户。

向企业出具《返还确认书》或退还保函、保险合同正本后，工程项目所在地的区人力资源社会保障部门应在门户网站公布上述企业的名单，并报市人力资源社会保障部门备案。

工程项目所在地的区人力资源社会保障部门在审核过程中发现工资保证金对应工程项目存在未解决的拖欠农民工工资问题，应在审核完毕3个工作日内书面告知施工总承包企业，施工总承包企业依法履行清偿（先行清偿）责任后，可再次提交返还工资保证金或退还保函、保险合同正本的书面申请。

第十六条 工资保证金实行专款专用，除用于清偿或先行清偿施工总承包企业所承包工程拖欠农民工工资外，不得用于其他用途。除法律另有规定外，工资保证金不得因支付为本工程项目提供劳动的农民工工资之外的原因被查封、冻结或者划拨。

第十七条 开具工资保证金的银行应当按照人力资源社会保障部门、银行业监管部门的要求，与人力资源社会保障部门建立工资保证金信息共享机制，协助做好工资保证金的监管。

施工总承包企业未依据《保障农民工工资支付条例》和本办法规定存储、补足工资保证金的，按照《保障农民工工资支付条例》第五十五条规定,由工程项目所在地的人力资源社会保障部门责令限期改正;逾期不改正的,责令项目停工,并处 5 万元以上 10 万元以下的罚款;情节严重的,市人力资源社会保障部门应当会同相关行业工程建设主管部门通过会商、案件移转等执法衔接机制,给予施工总承包企业限制承接新工程、降低资质等级、吊销资质证书等处罚。

市、区人力资源社会保障部门应将不按规定办理工资保证金的施工总承包企业列入重点检查对象。对未按规定执行工资保证金制度的施工企业,除依法给予行政处罚外,按照有关规定纳入企业信用管理,依法实施信用惩戒。

行业工程建设主管部门对在日常监督检查中发现的未按规定存储工资保证金问题,应及时通报同级人力资源社会保障部门。

第十八条 本办法自发布之日起实施。与本办法规定不一致的,以本办法规定为准。《北京市工程建设领域农民工工资保证金管理办法》(京人社监发〔2018〕157号)、《北京市工程建设领域农民工工资保证金管理工作程序》(京人社监发〔2018〕228号)同时废止。

附件:1. 农民工工资保证金银行保函(略)

2. 提高农民工工资保证金存储比例通知书(略)

3. 农民工工资保证金存款协议书(略)

4. 农民工工资保证金支付通知书(略)

5. 使用农民工工资保证金代为支付农民工工资表(略)

6. 取得农民工工资保证金返还(销户)确认书所需材料(略)

7. 农民工工资保证金返还(销户)确认书(略)